This book belongs to :

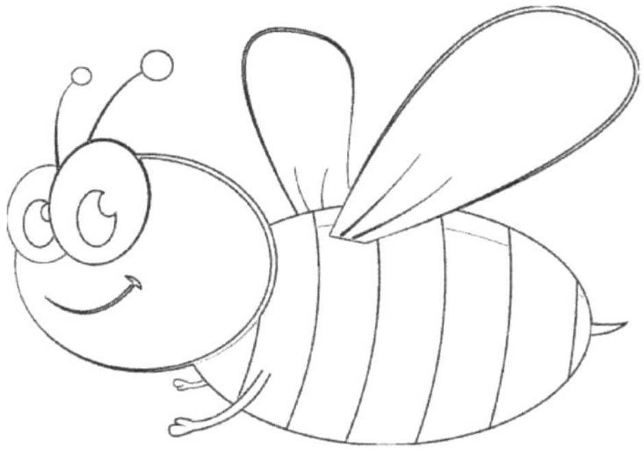

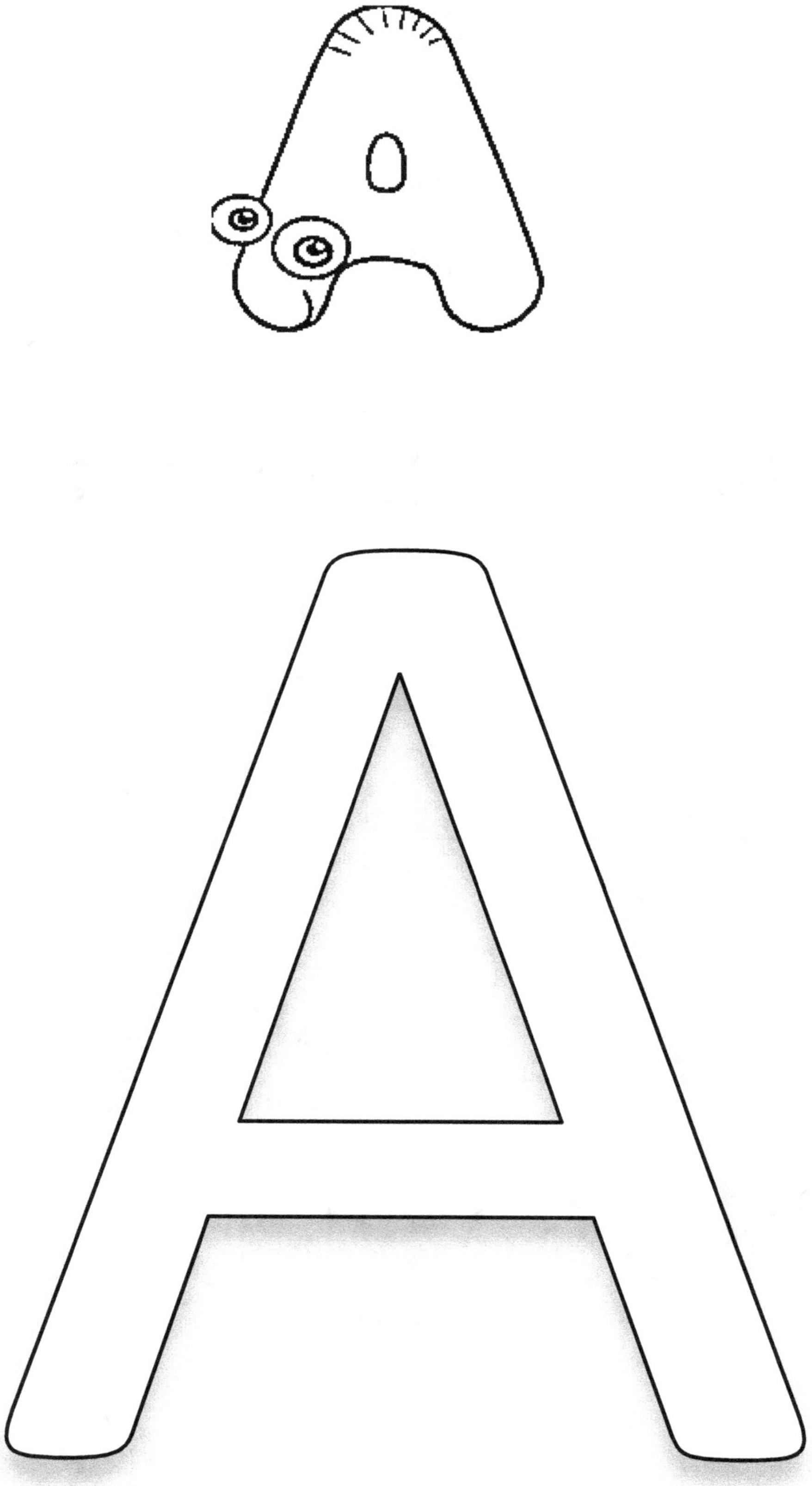
A

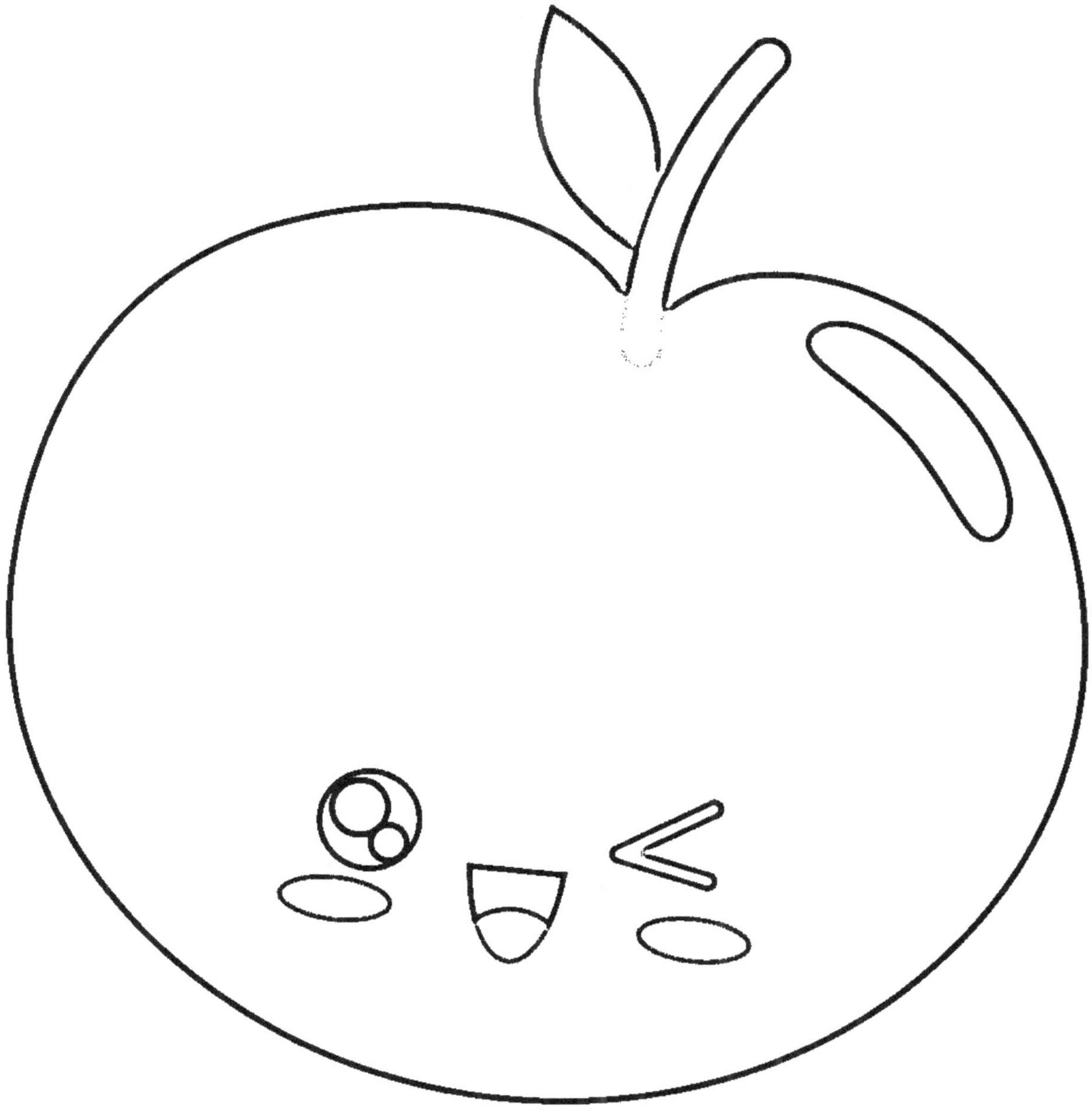

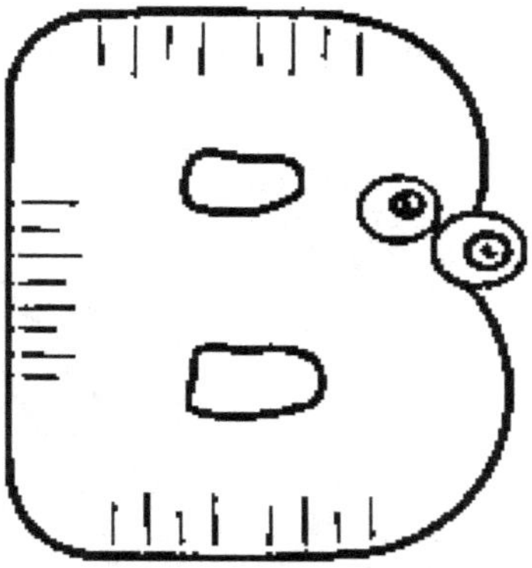

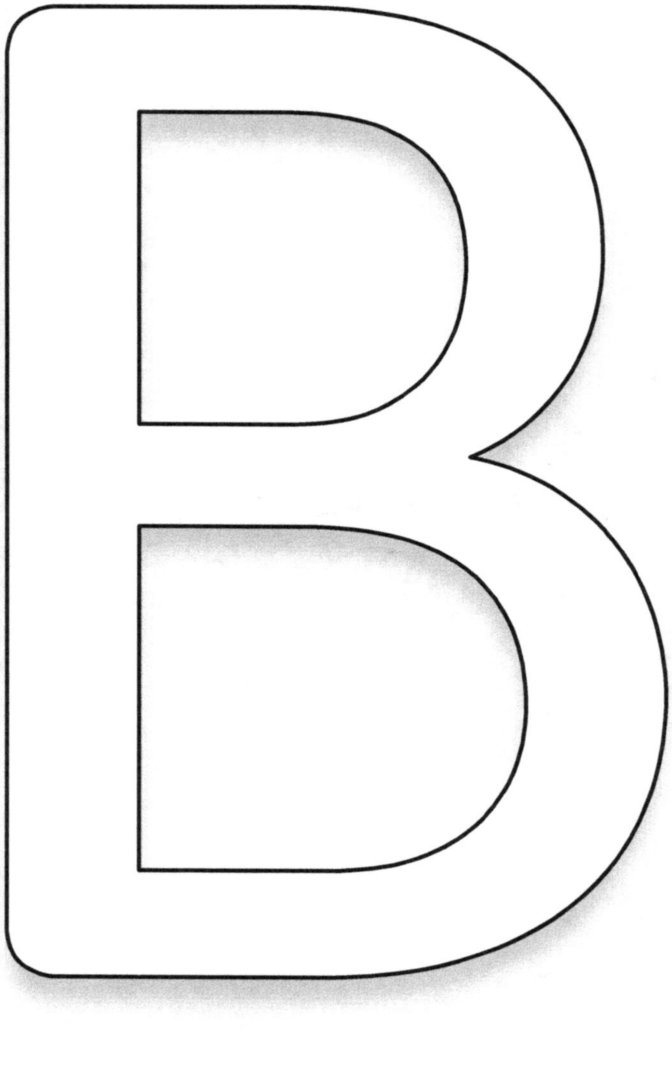

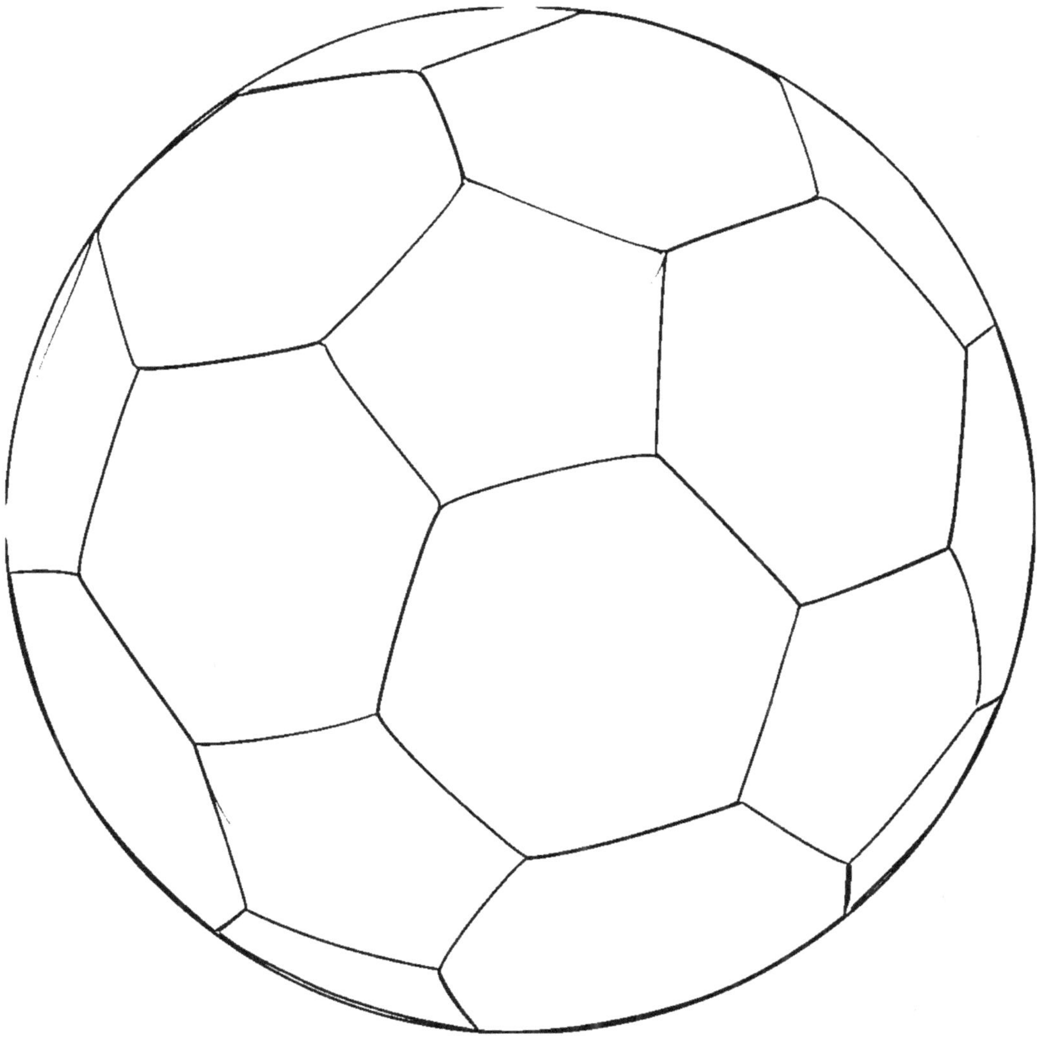

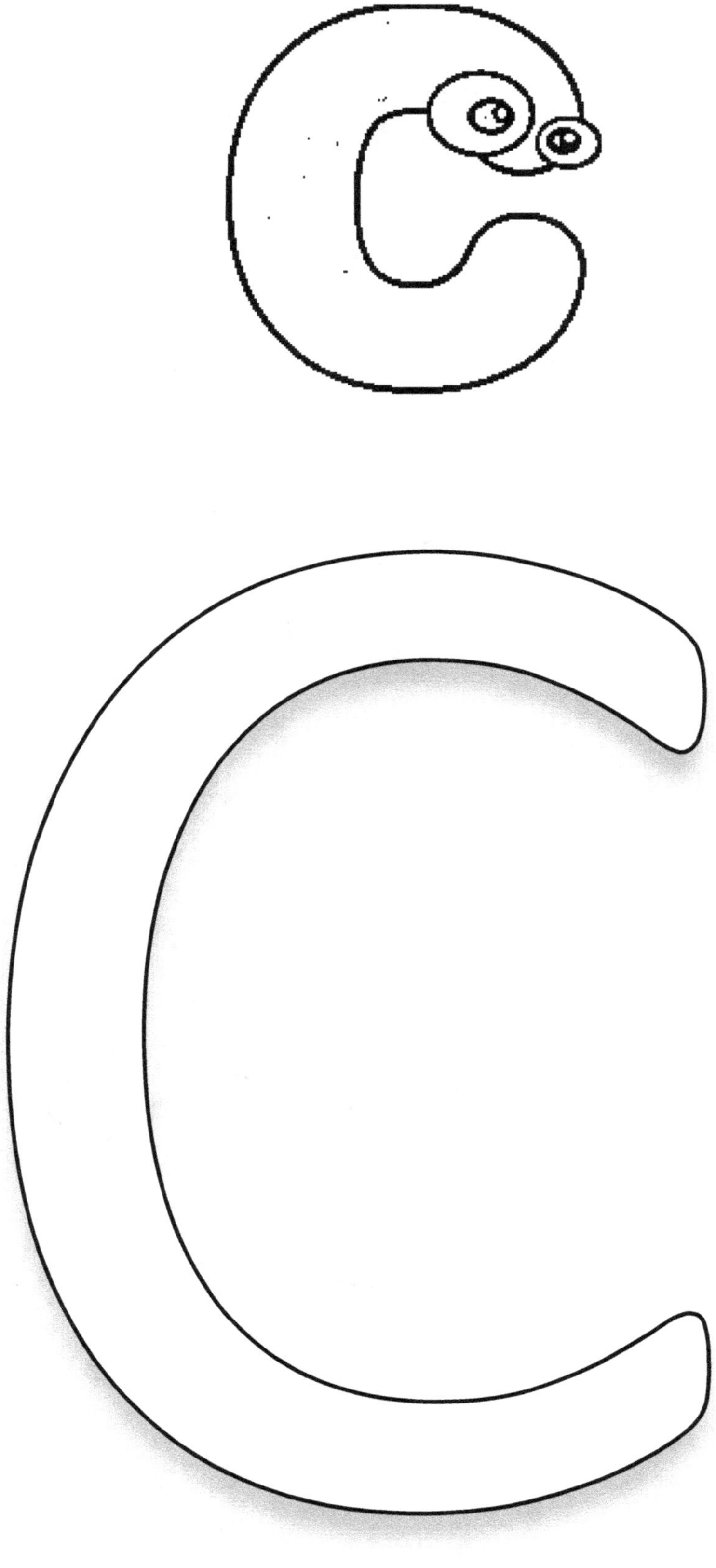
c
C

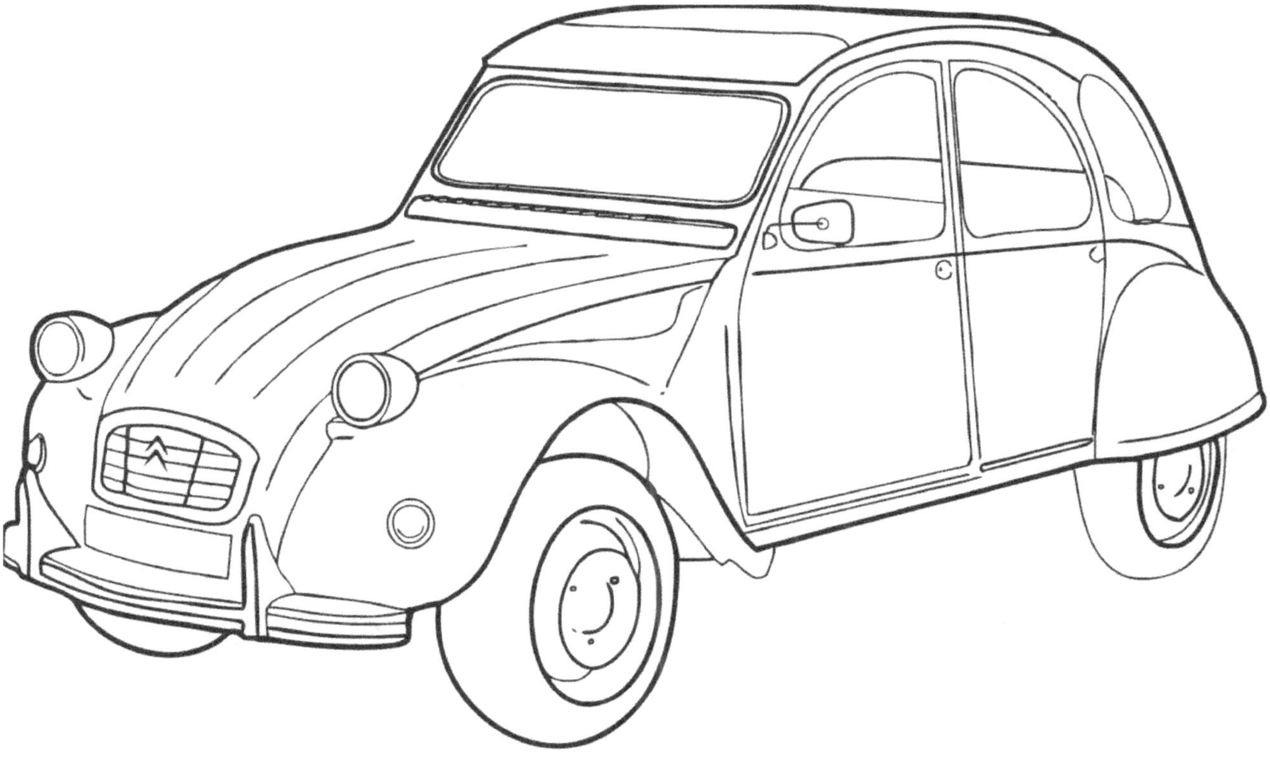

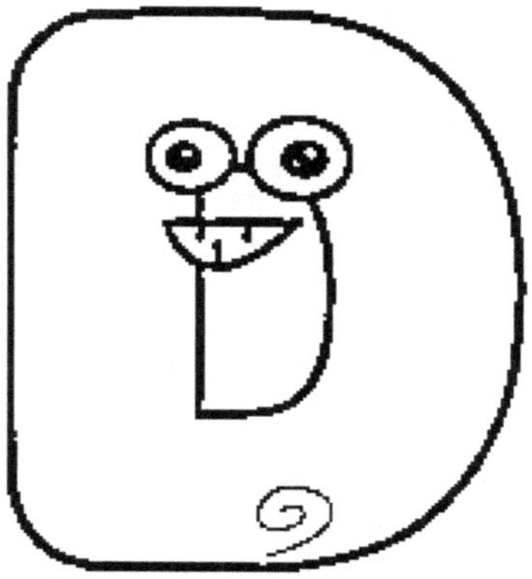

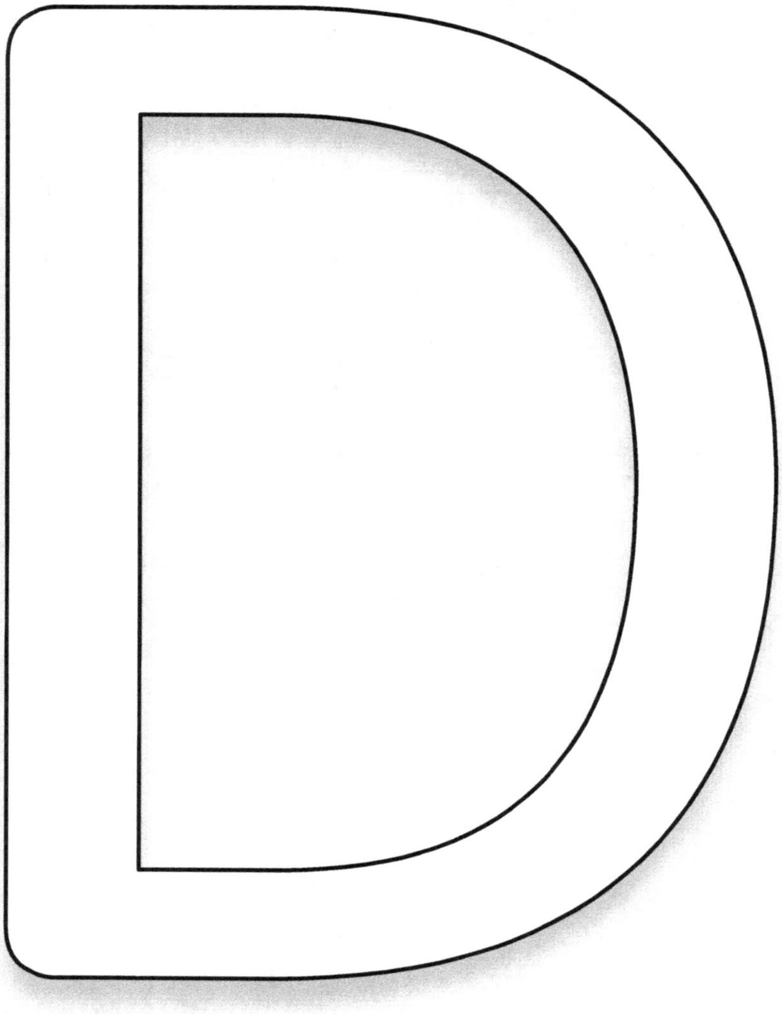

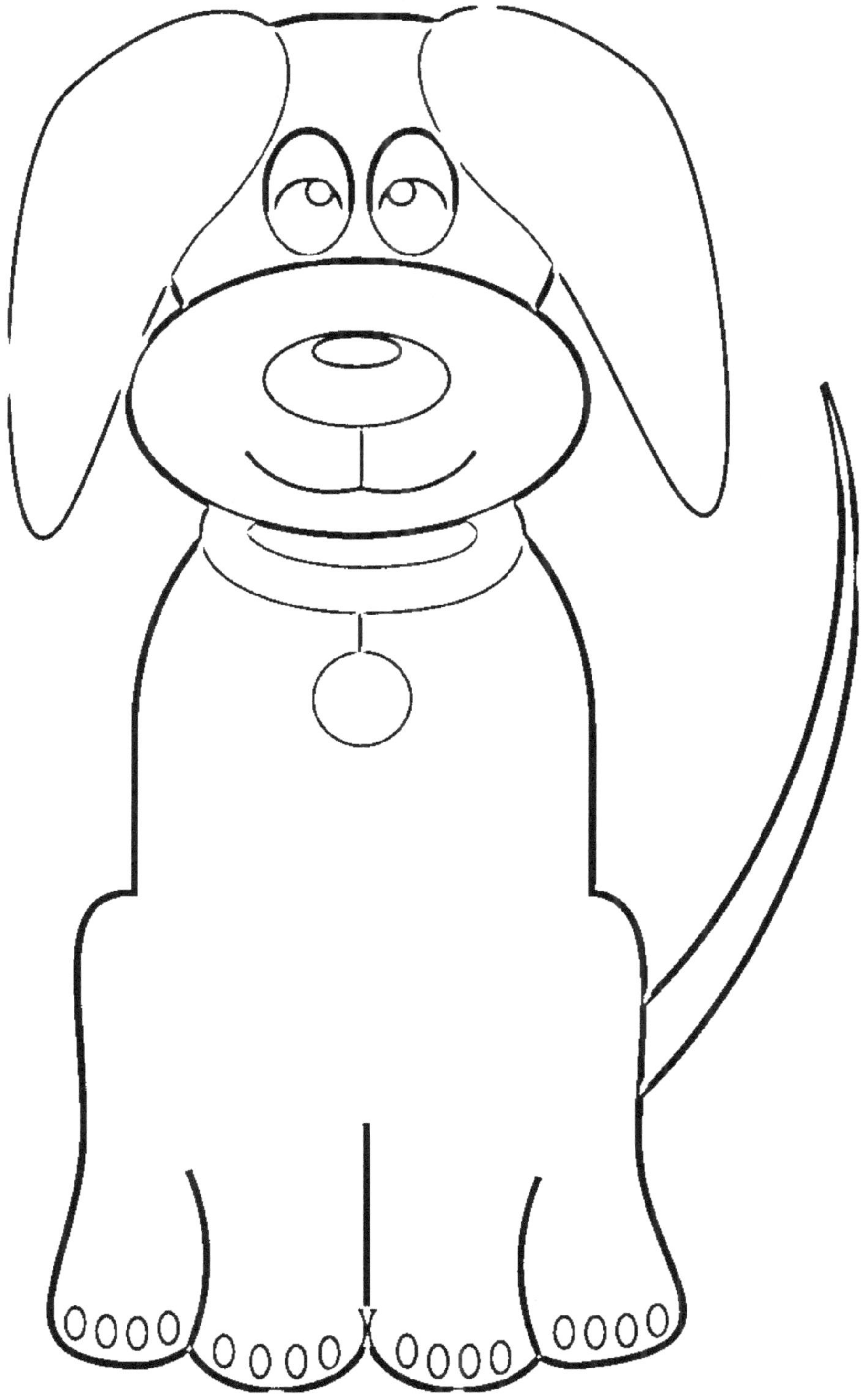

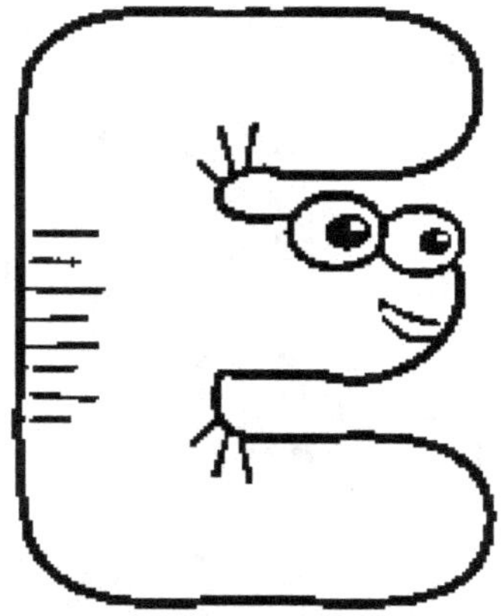

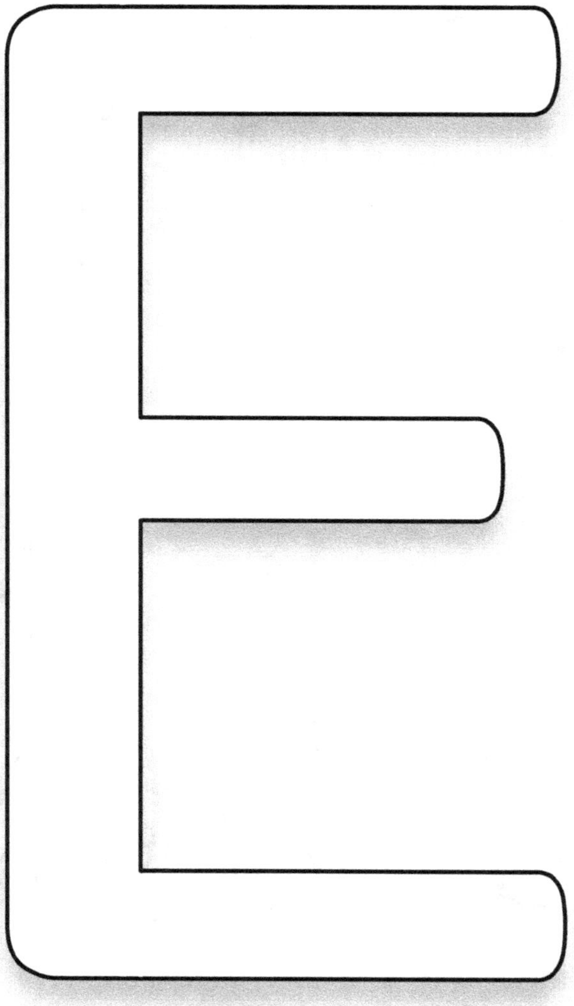

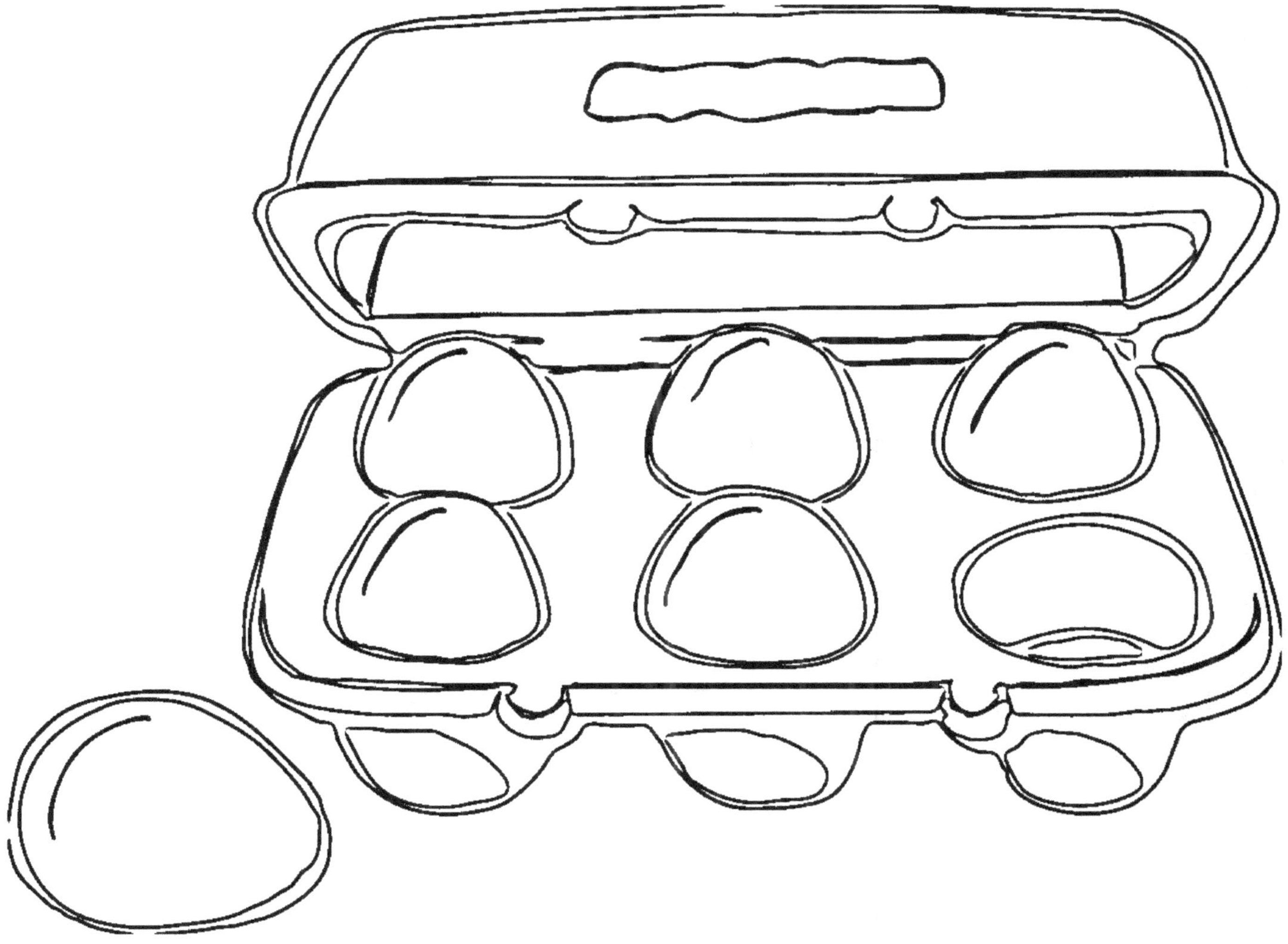

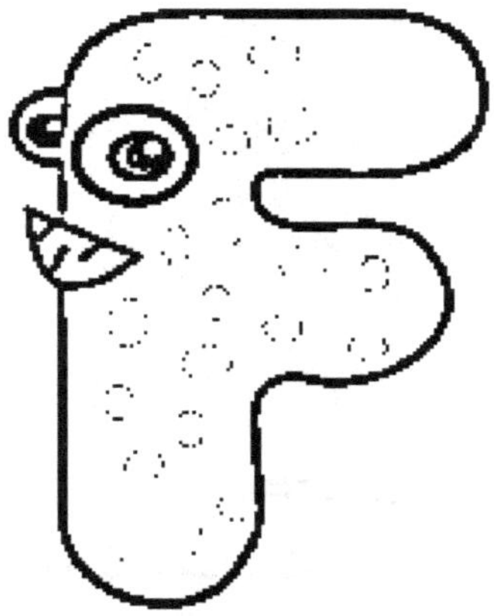

F

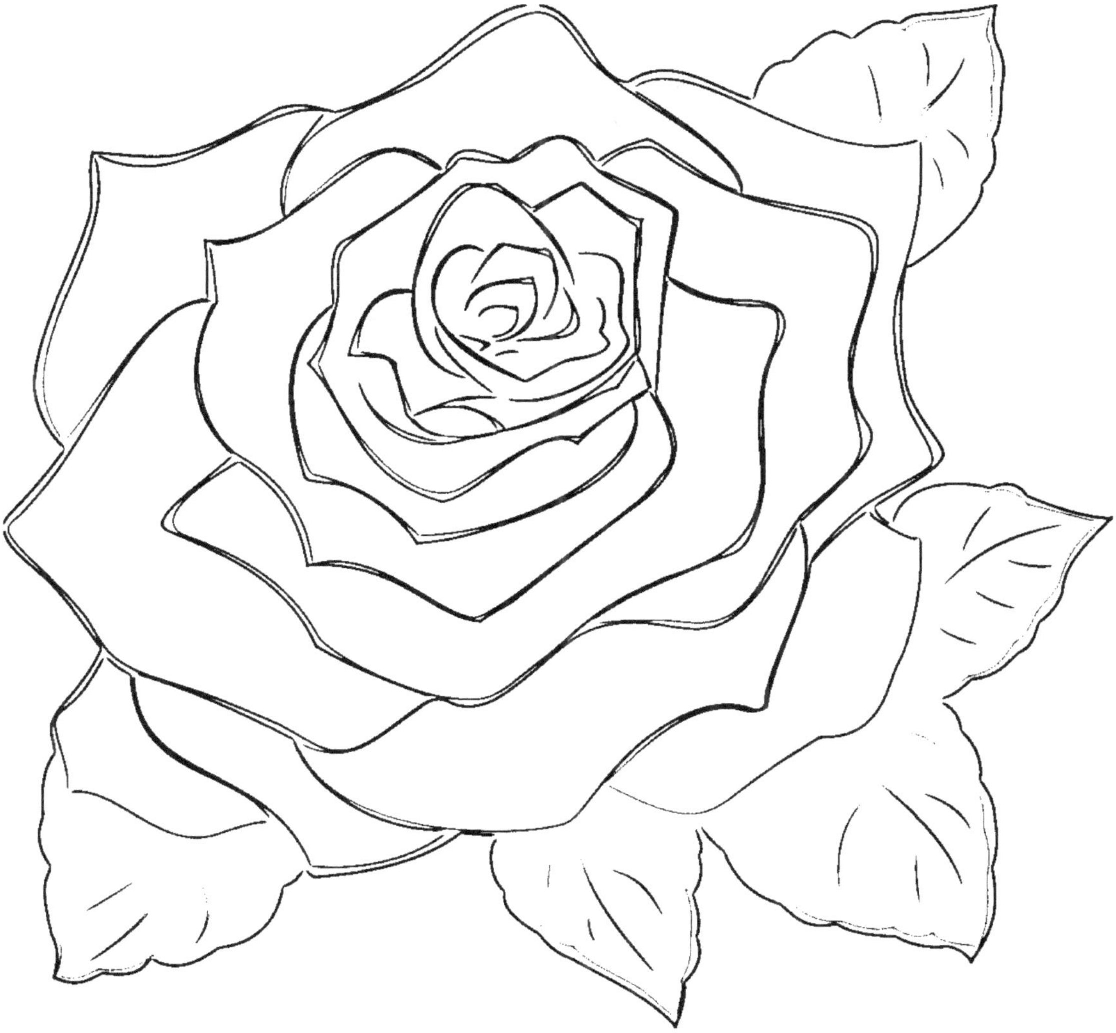

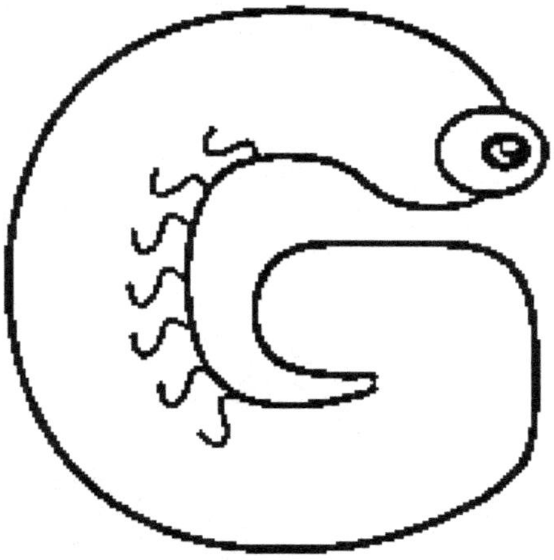

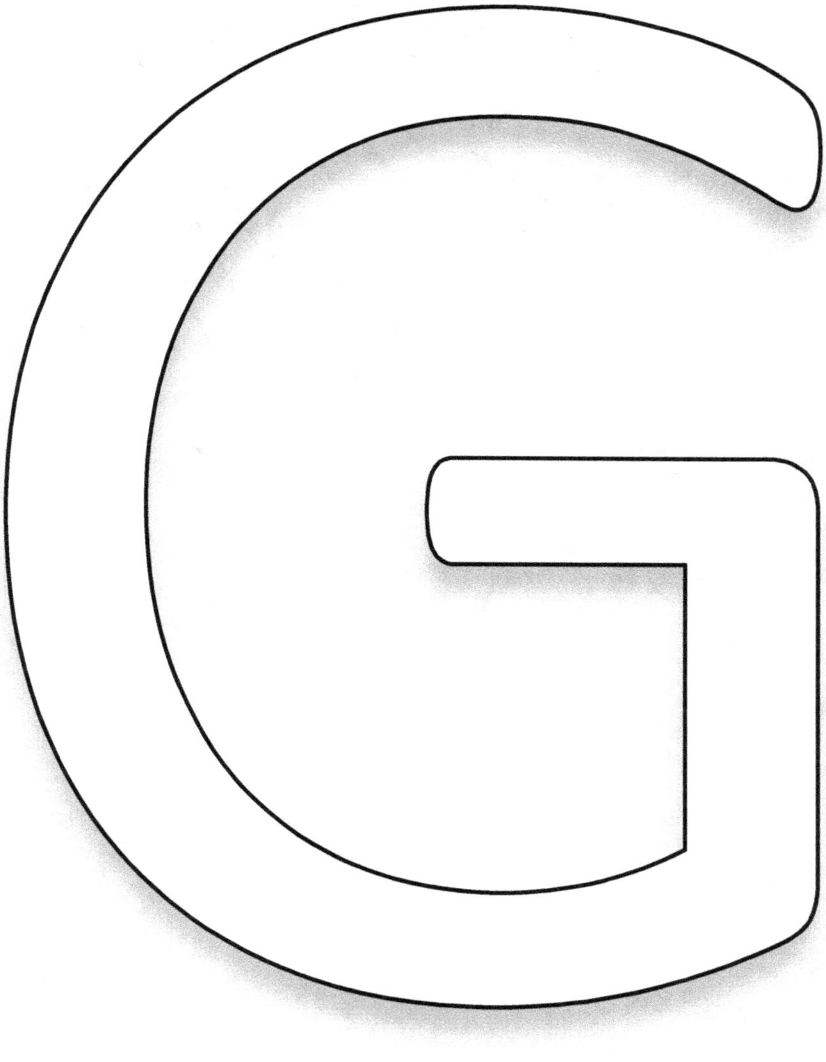

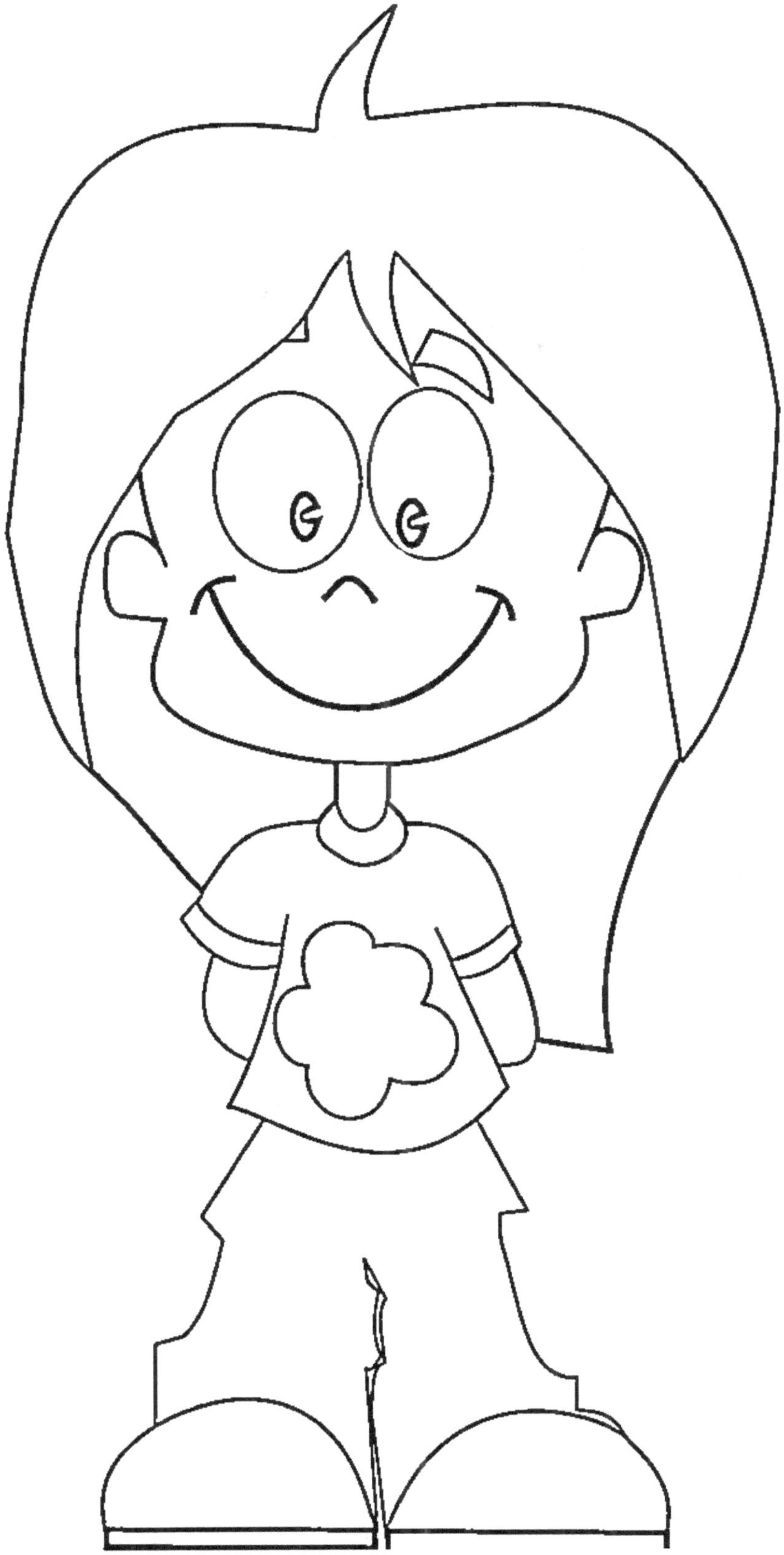

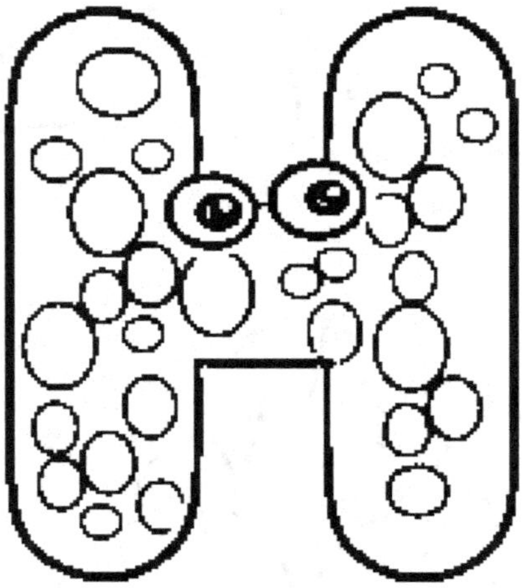
H

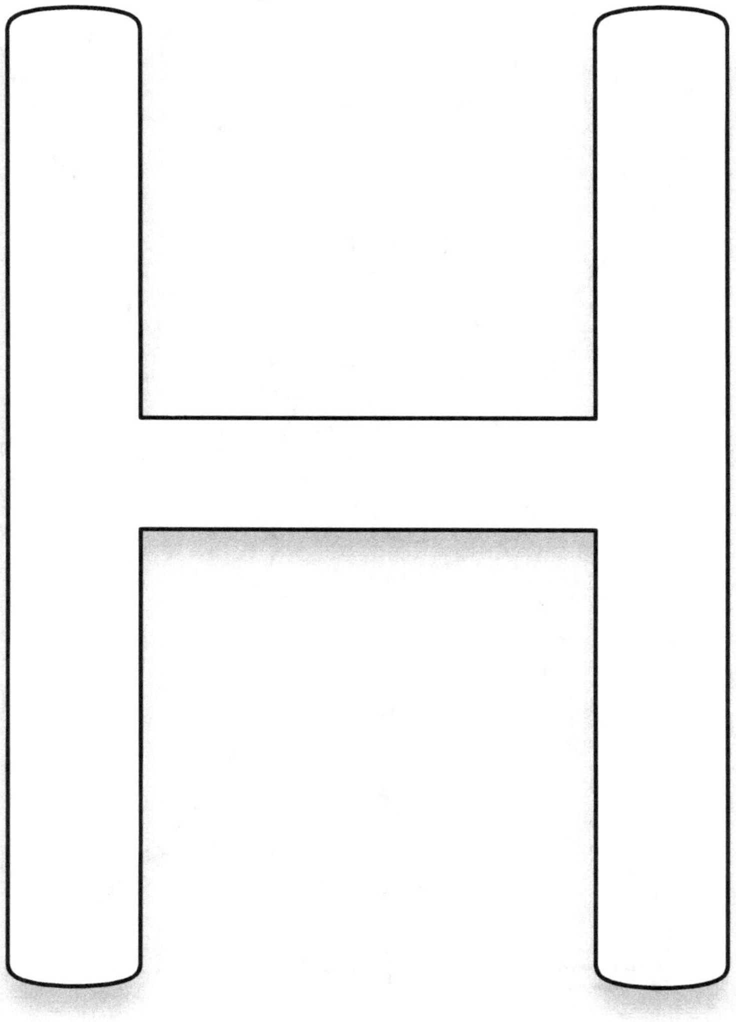
H

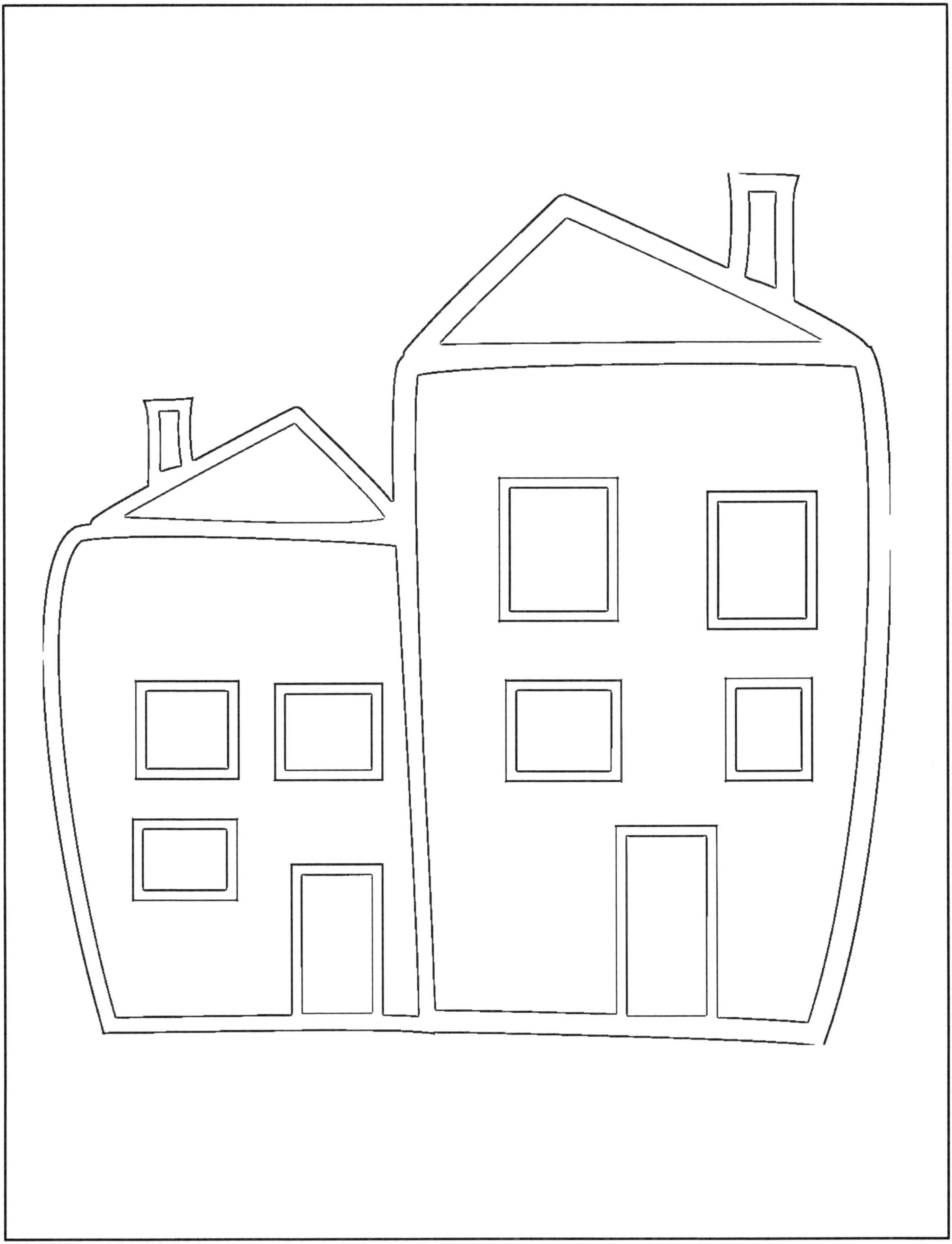

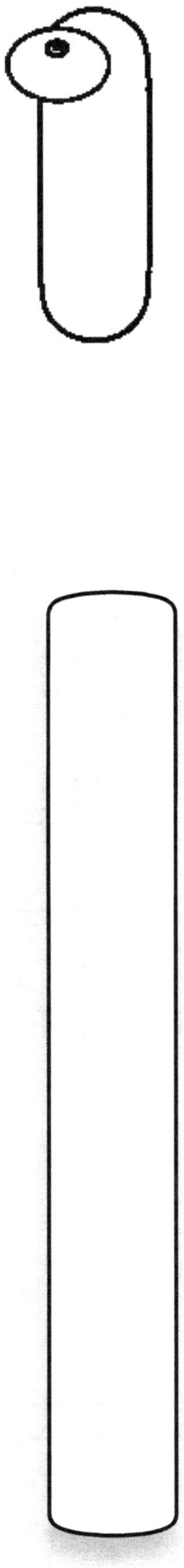

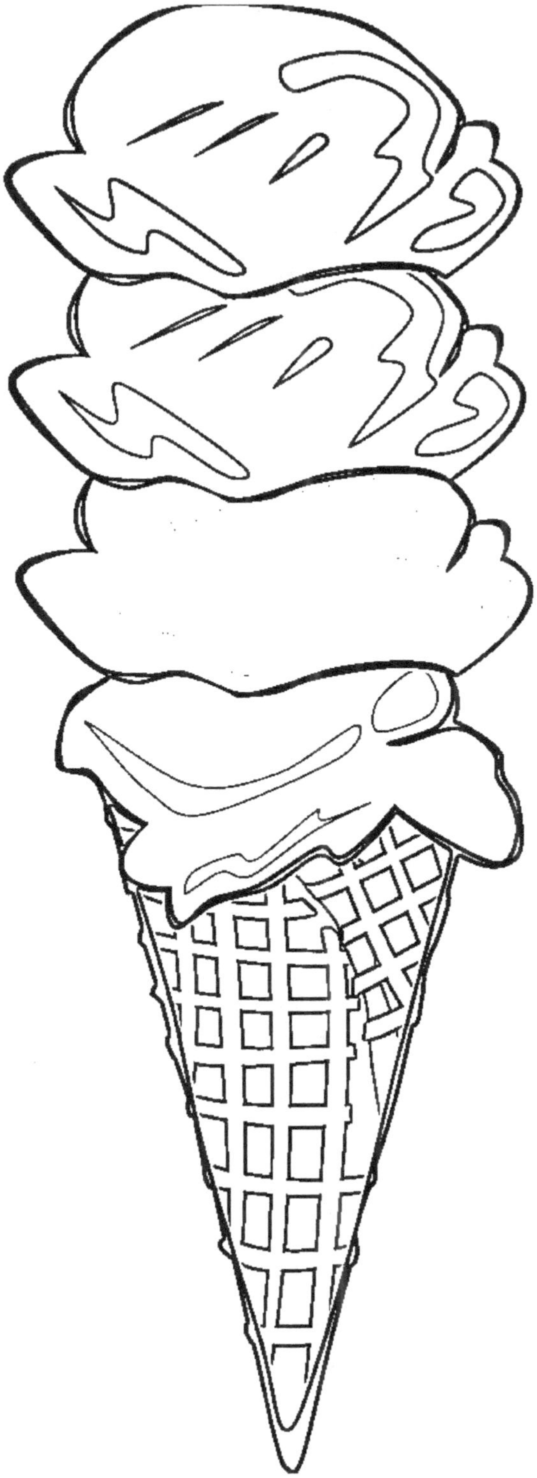

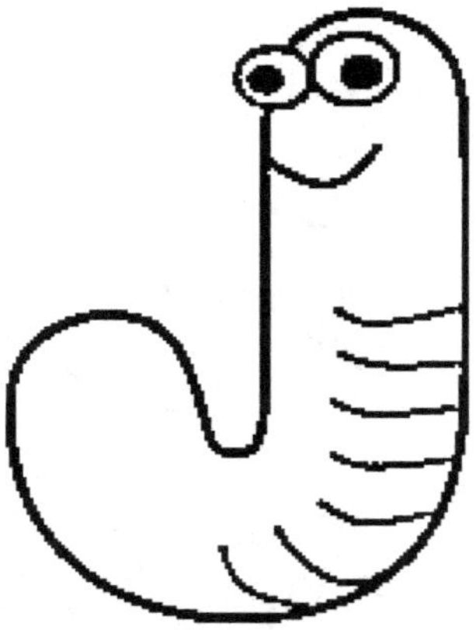

J

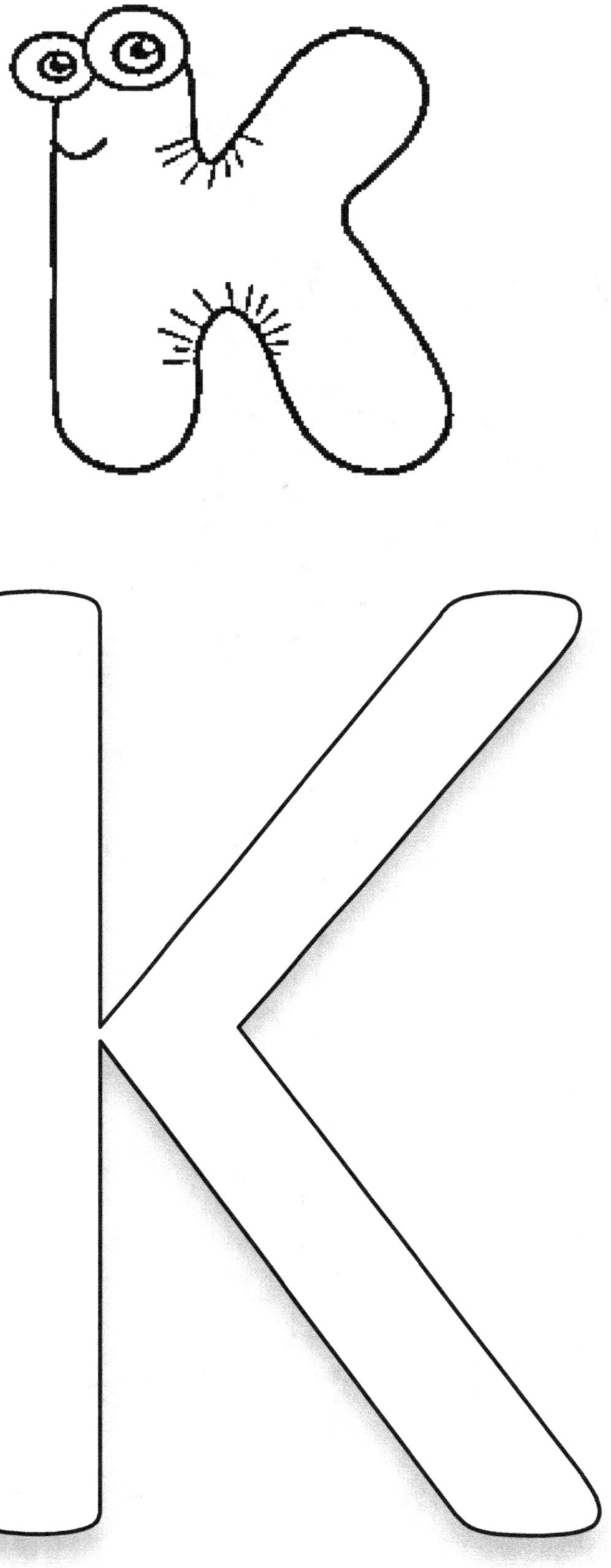

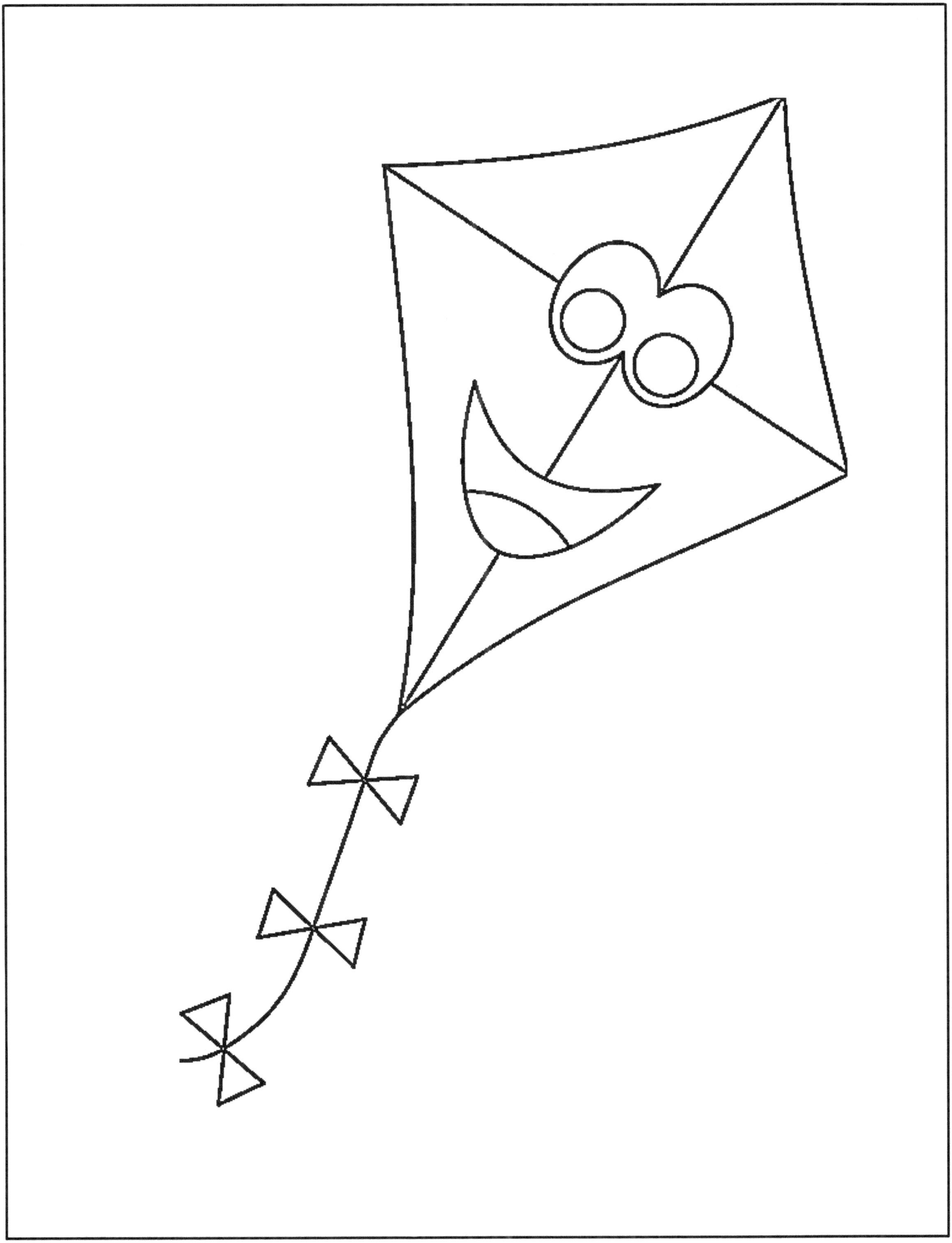

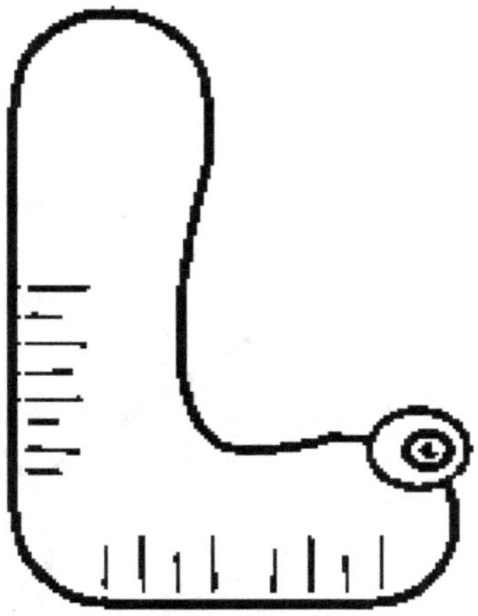

L

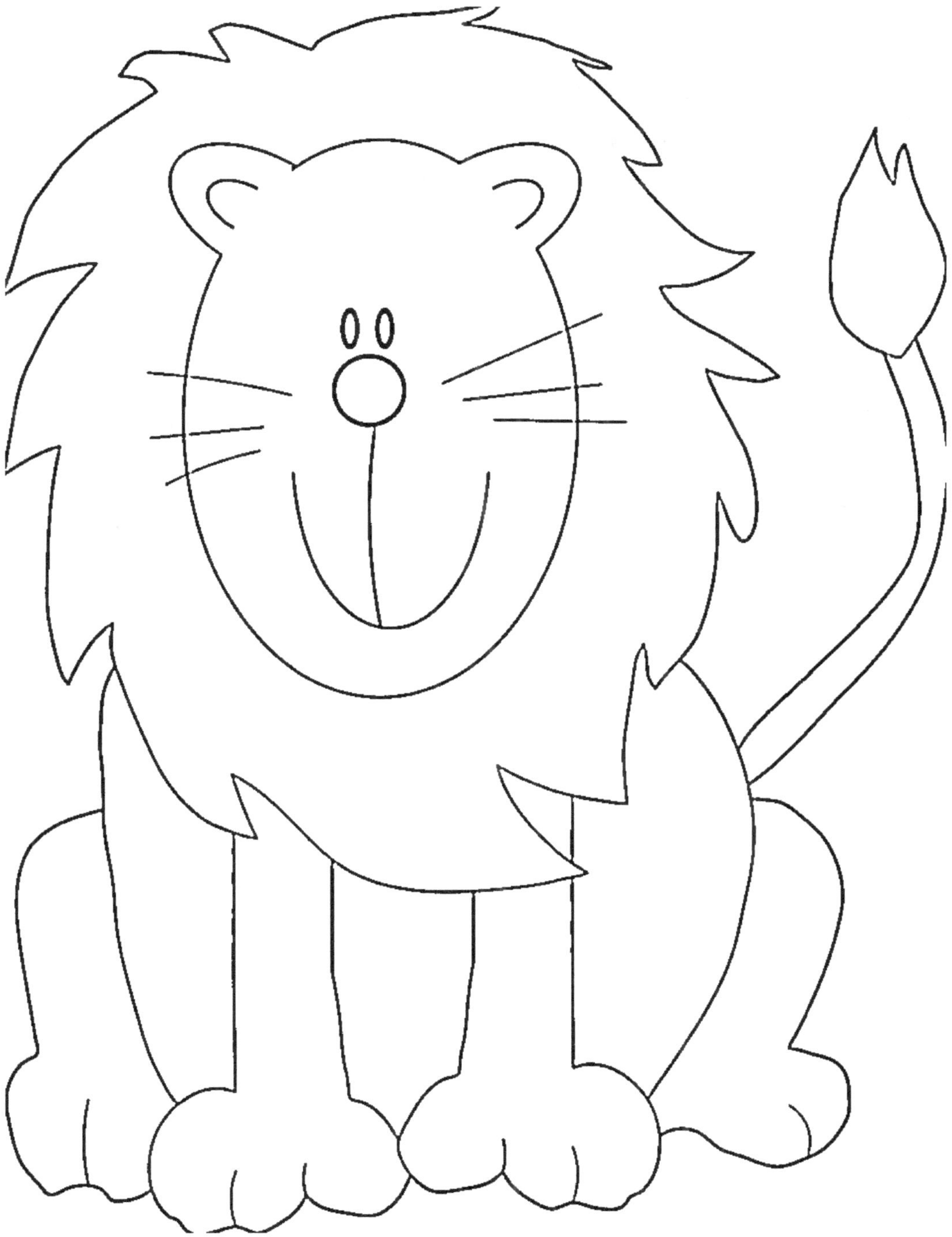

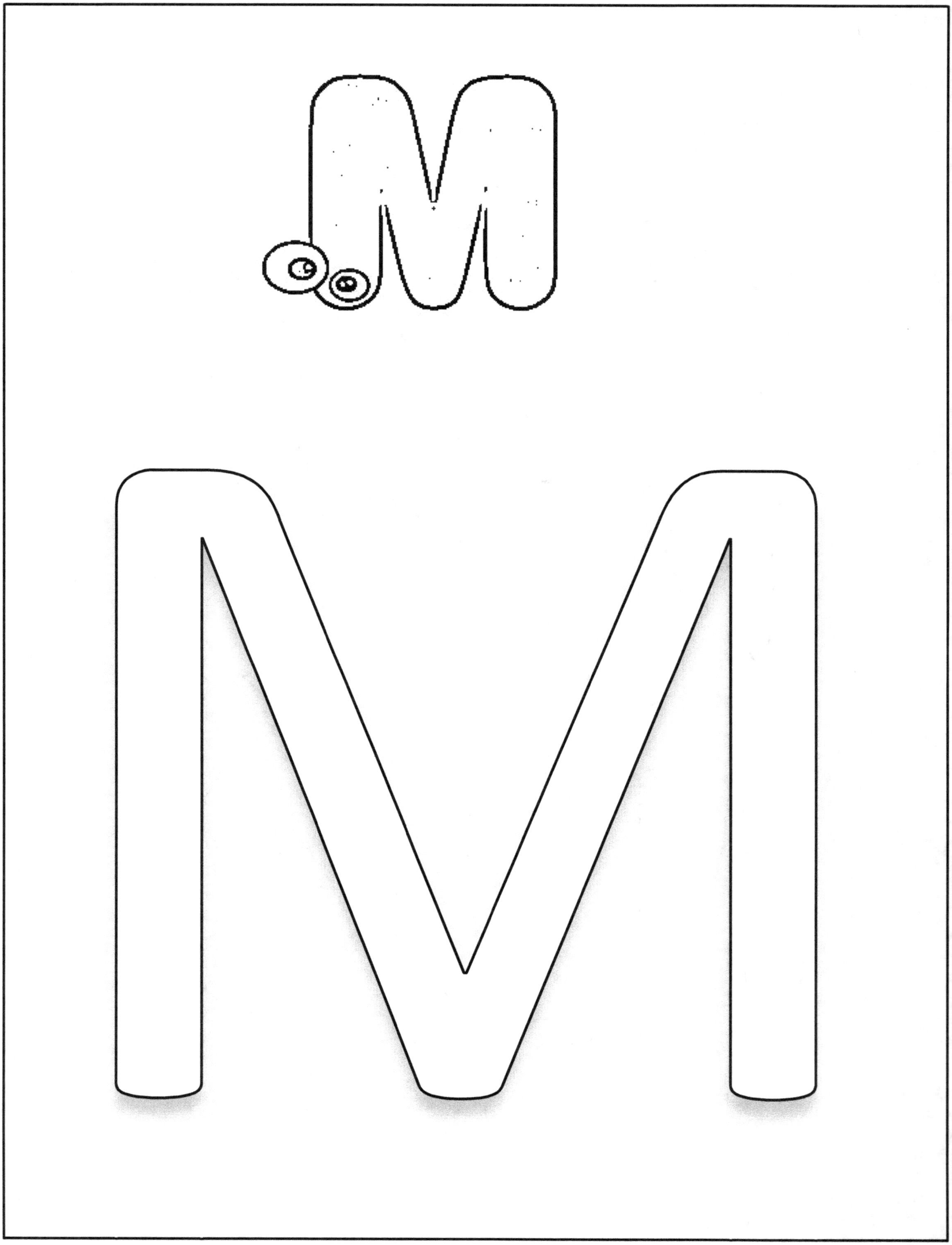
M
M

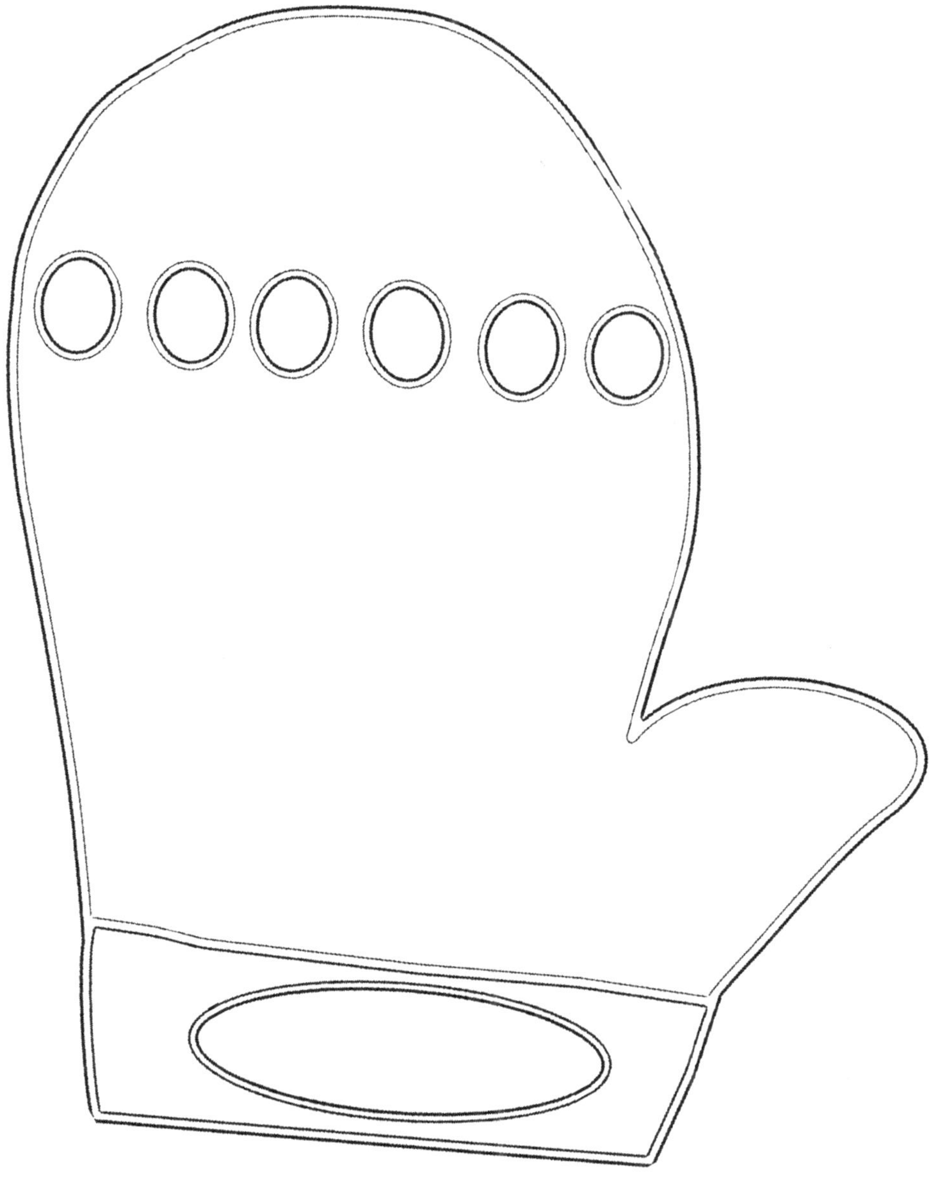

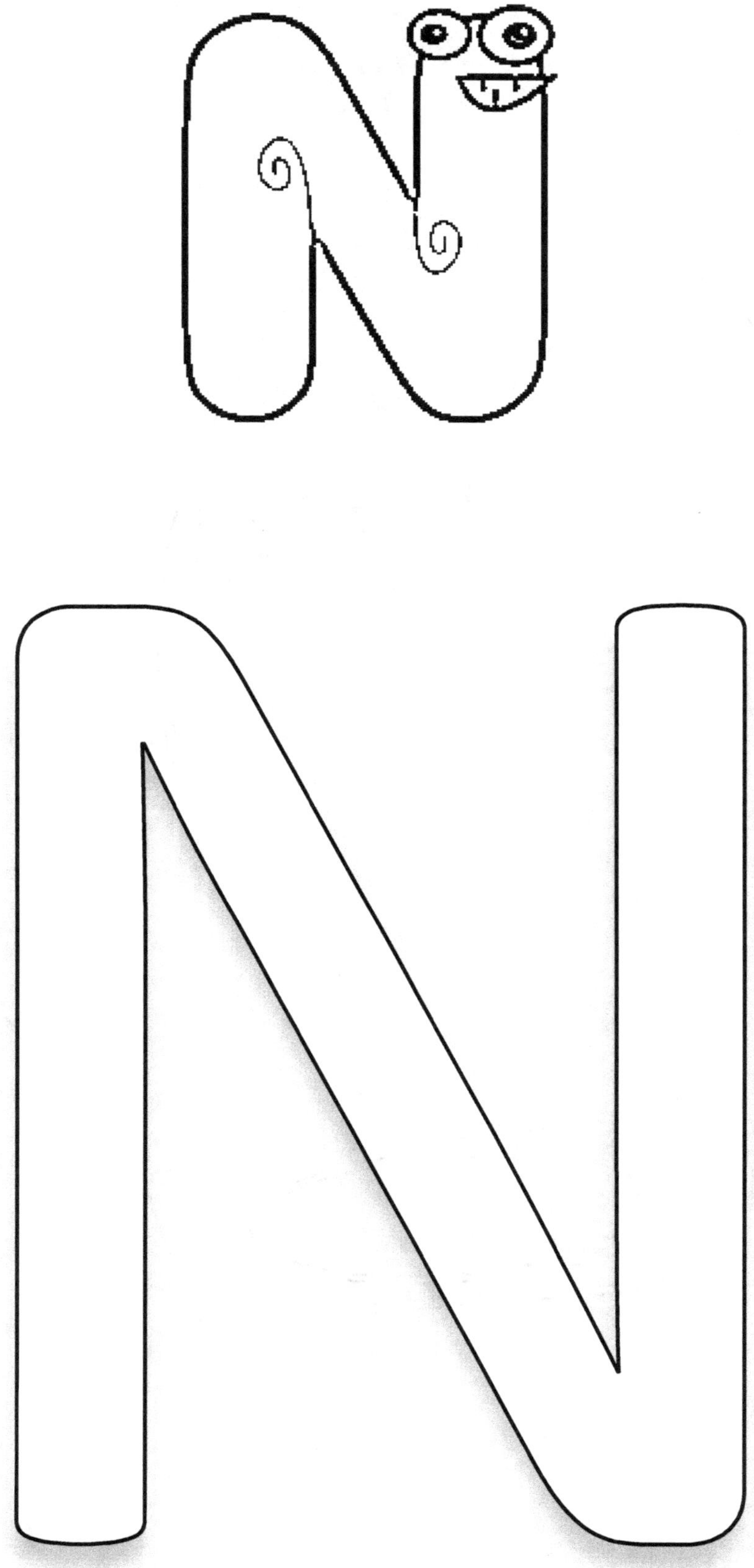

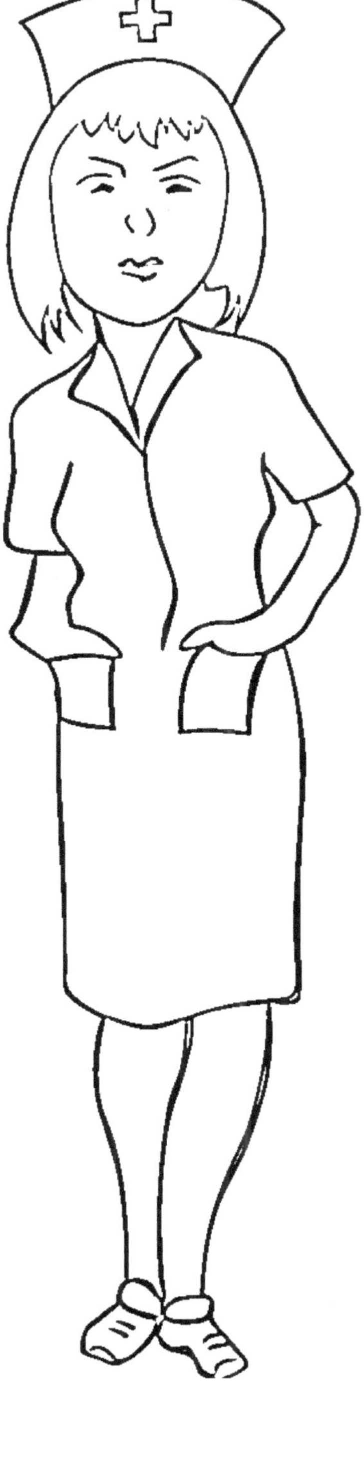

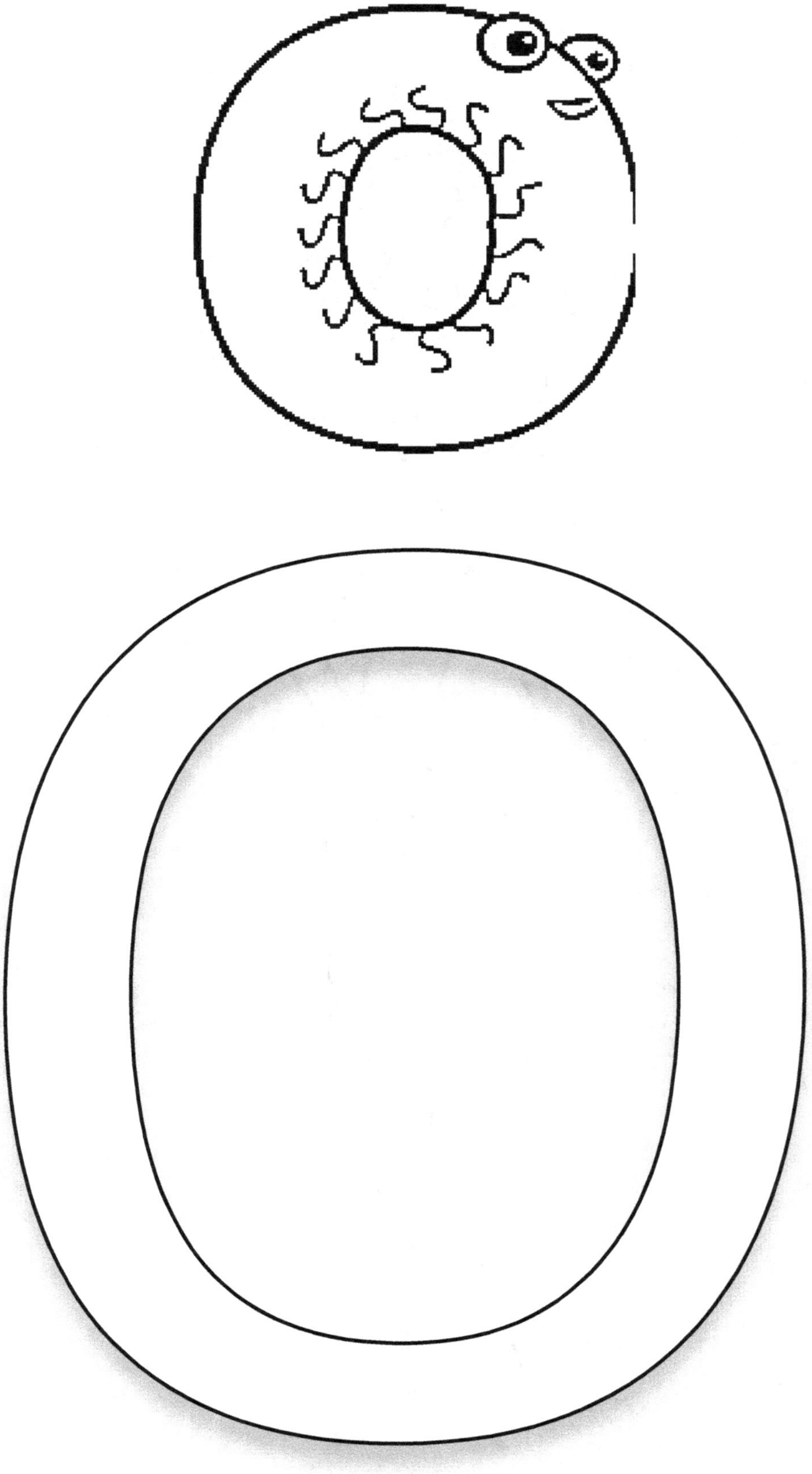

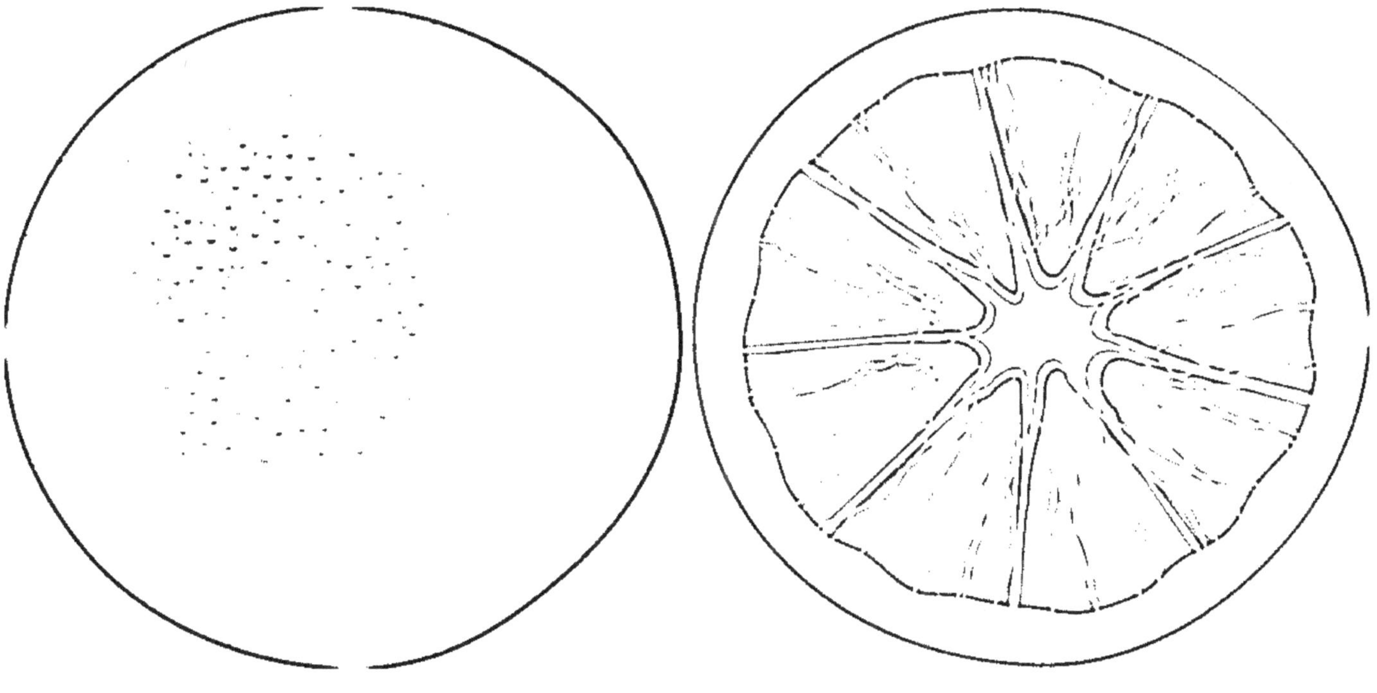

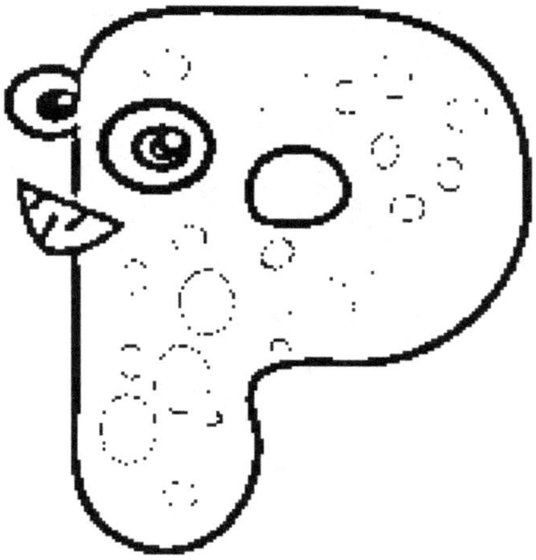

P

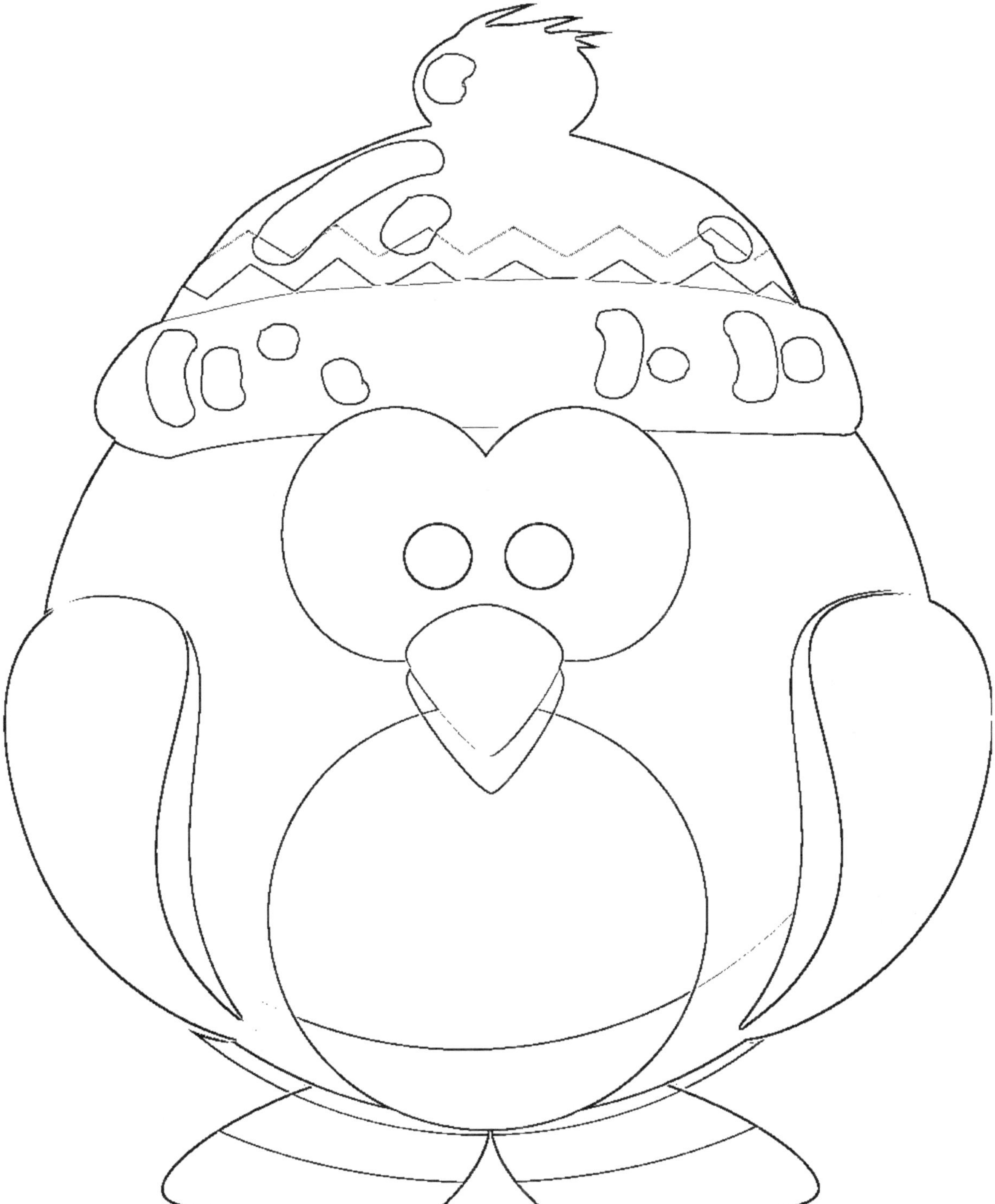

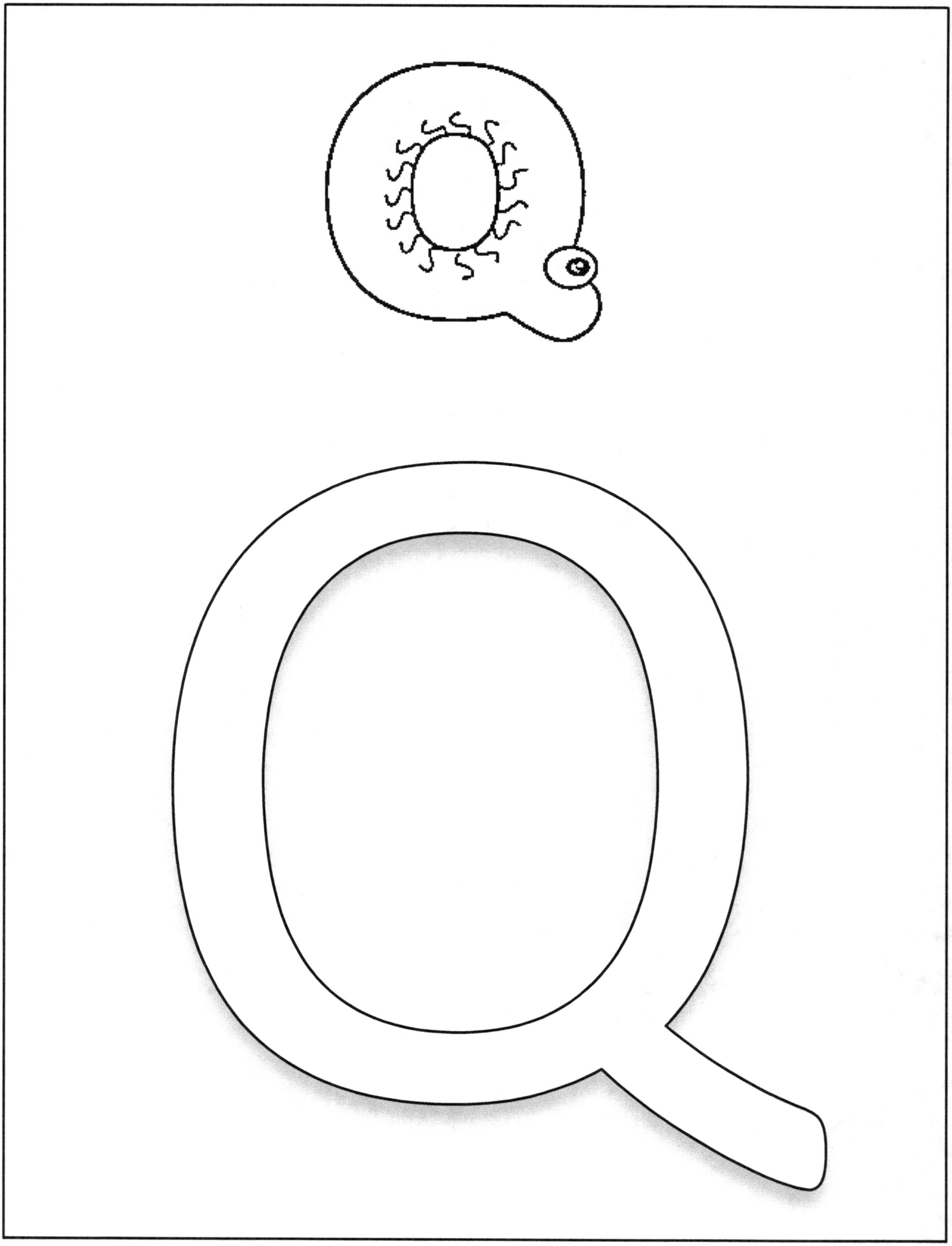
Q

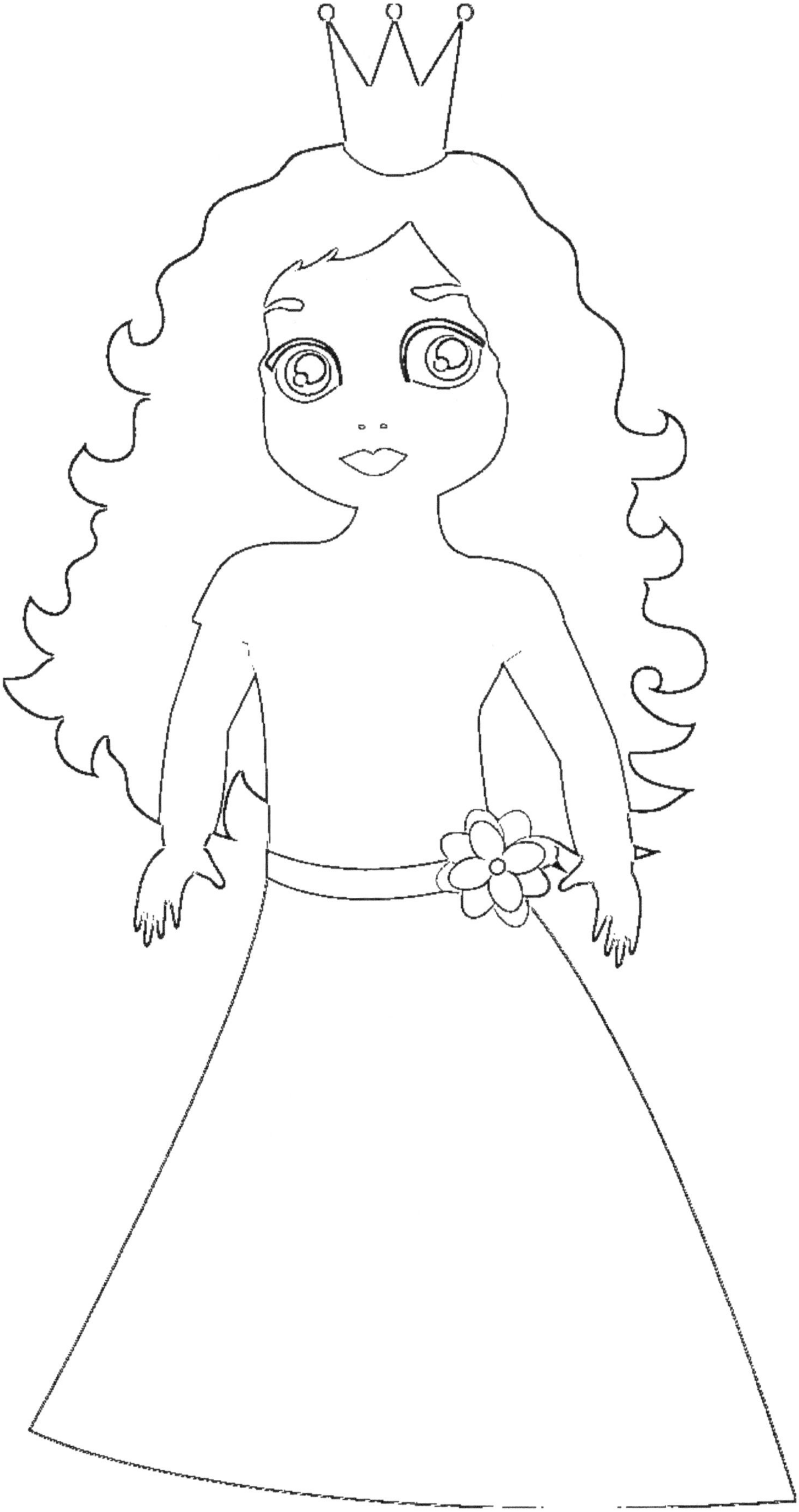

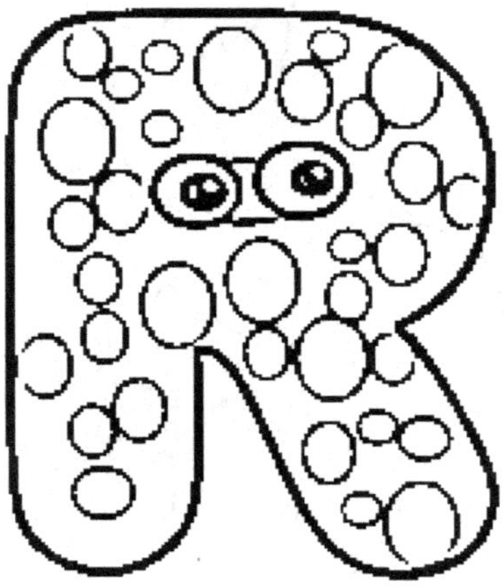

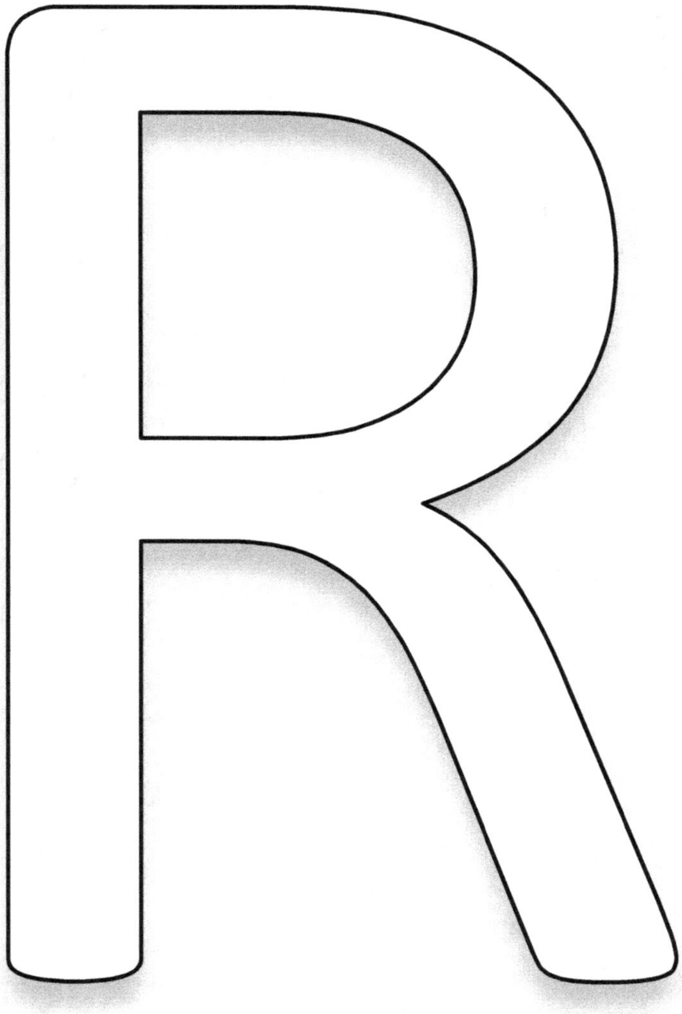

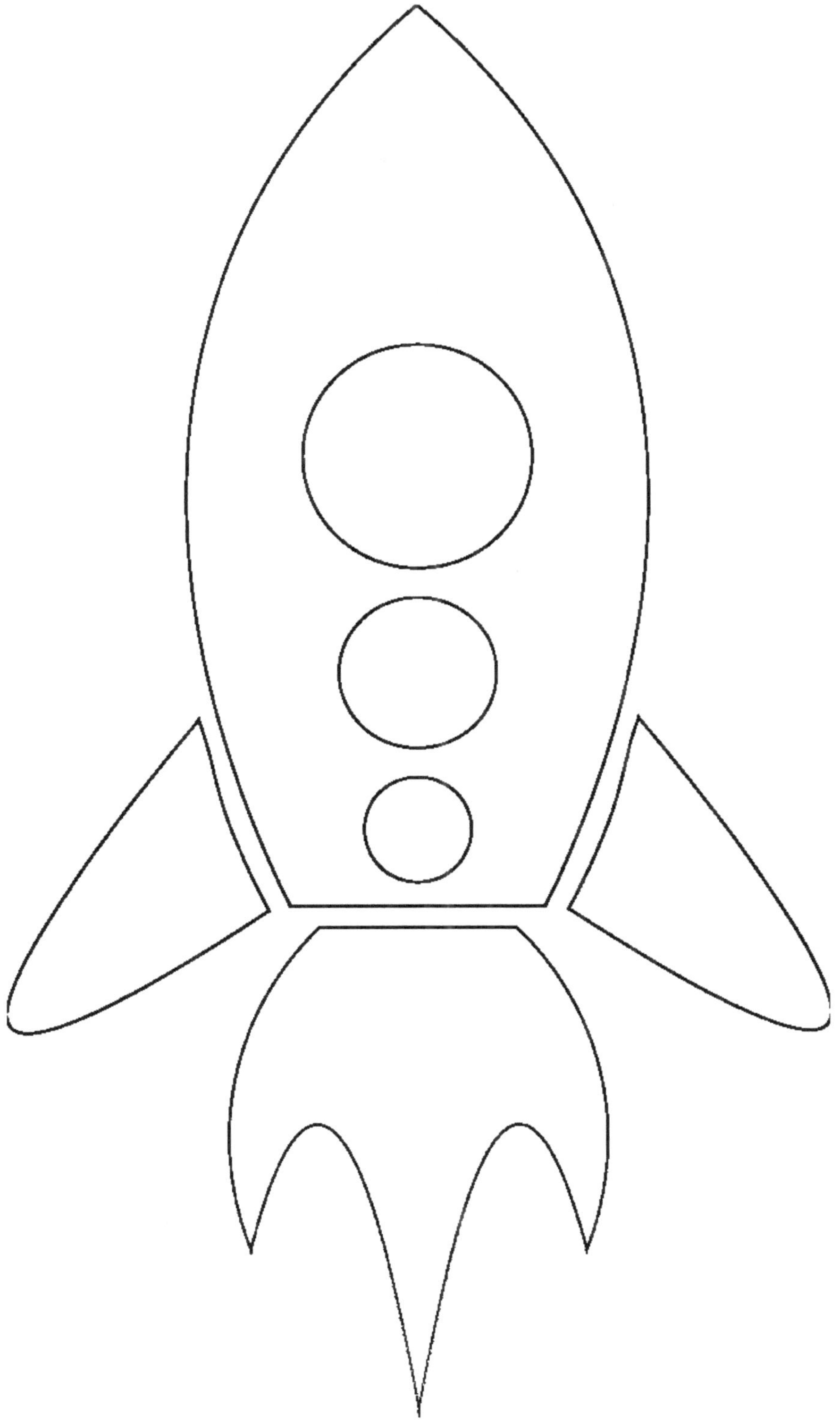

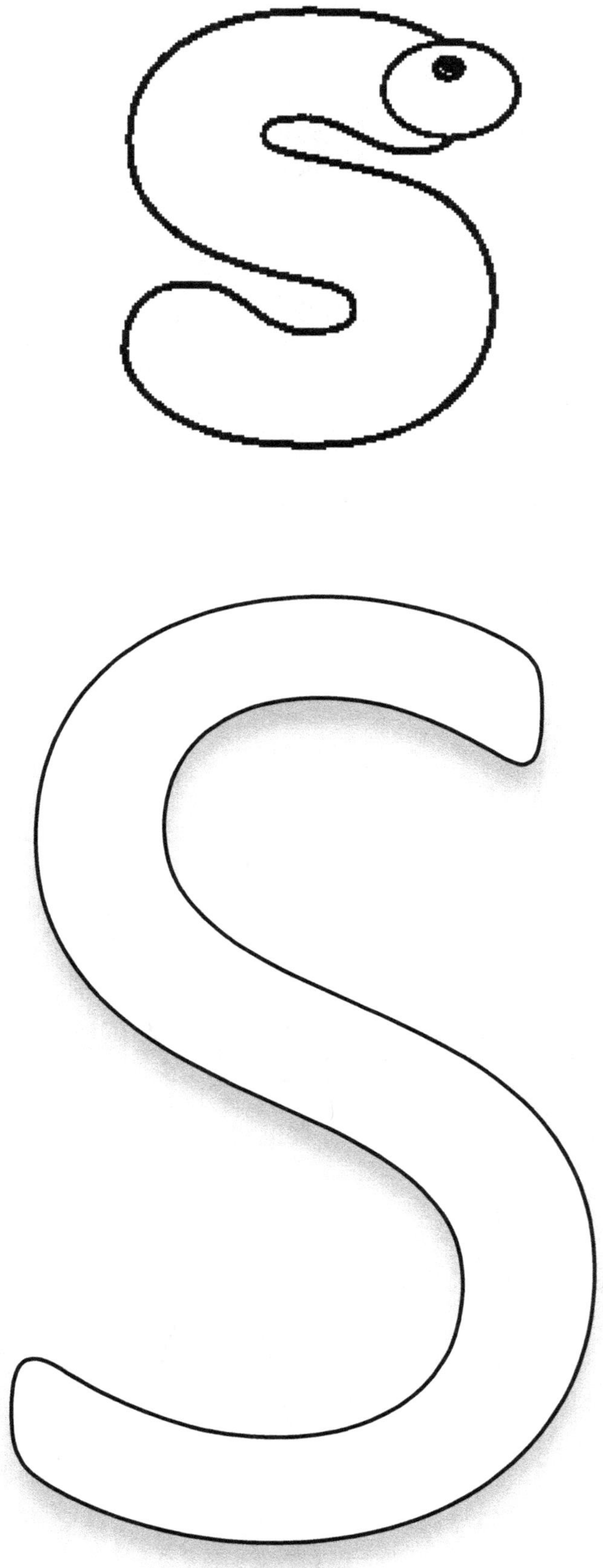
s
S

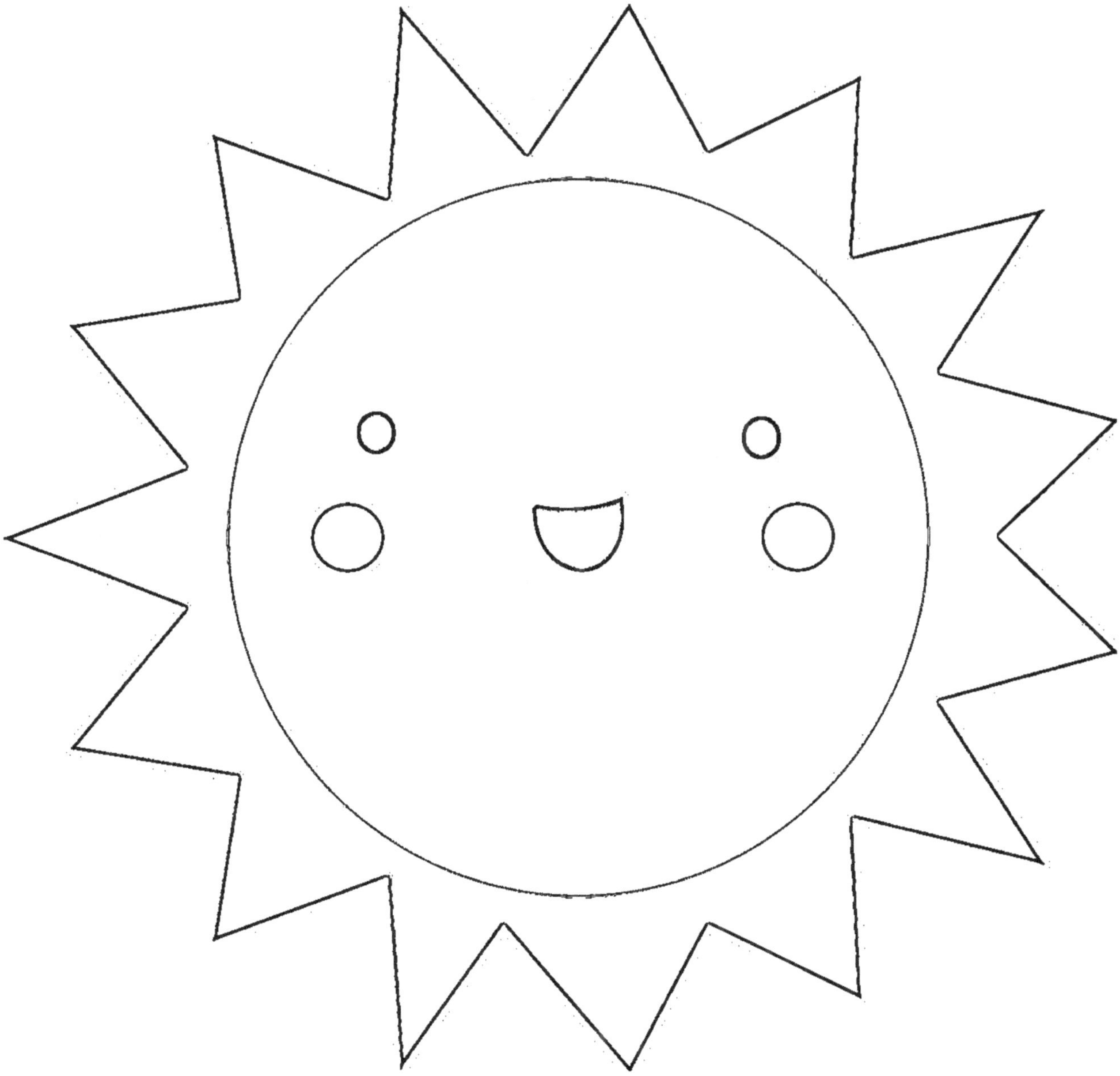

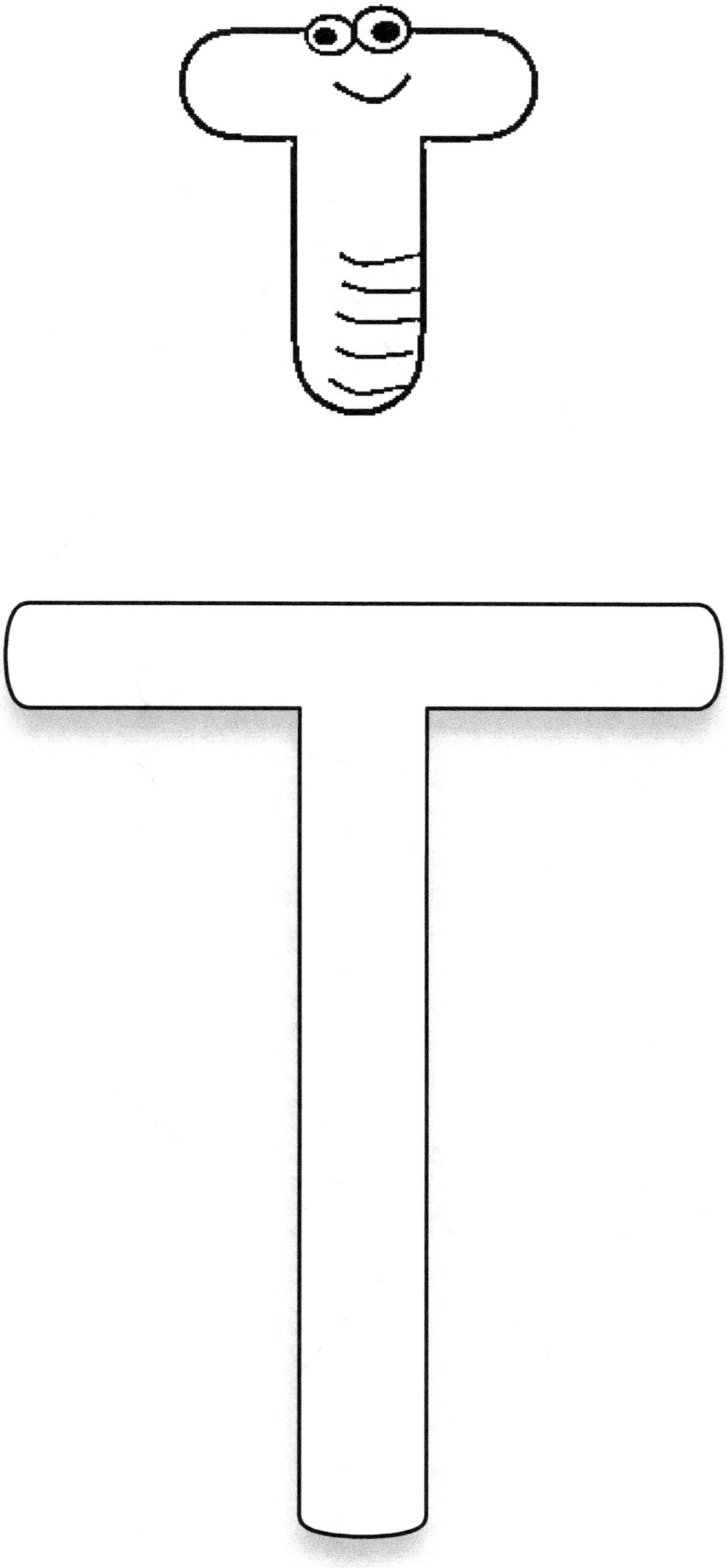

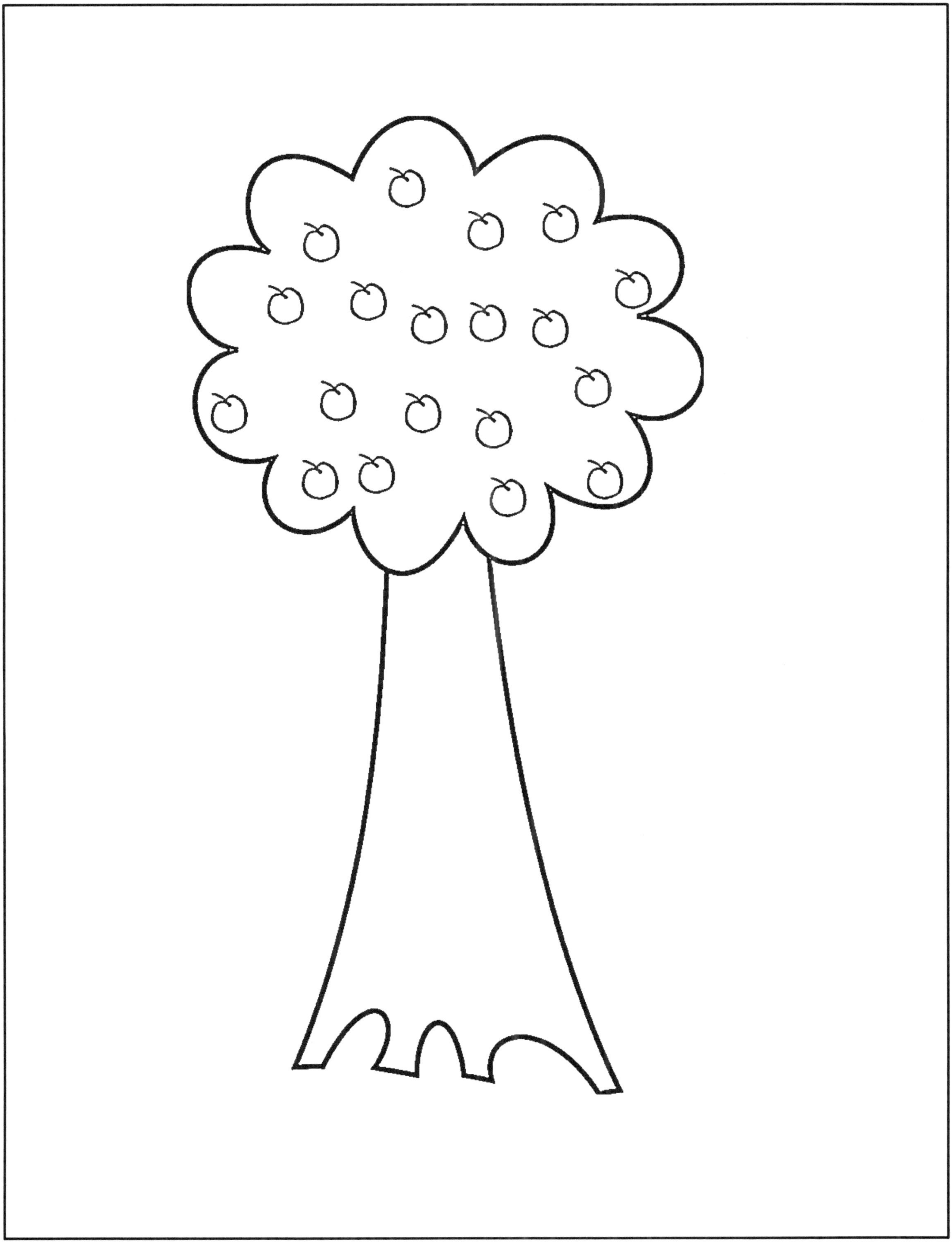

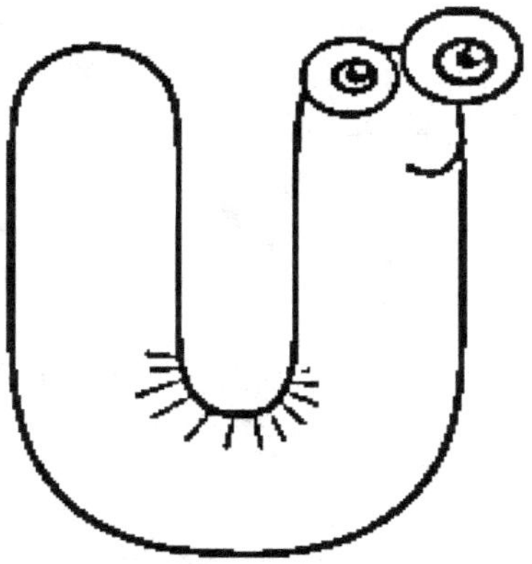

U

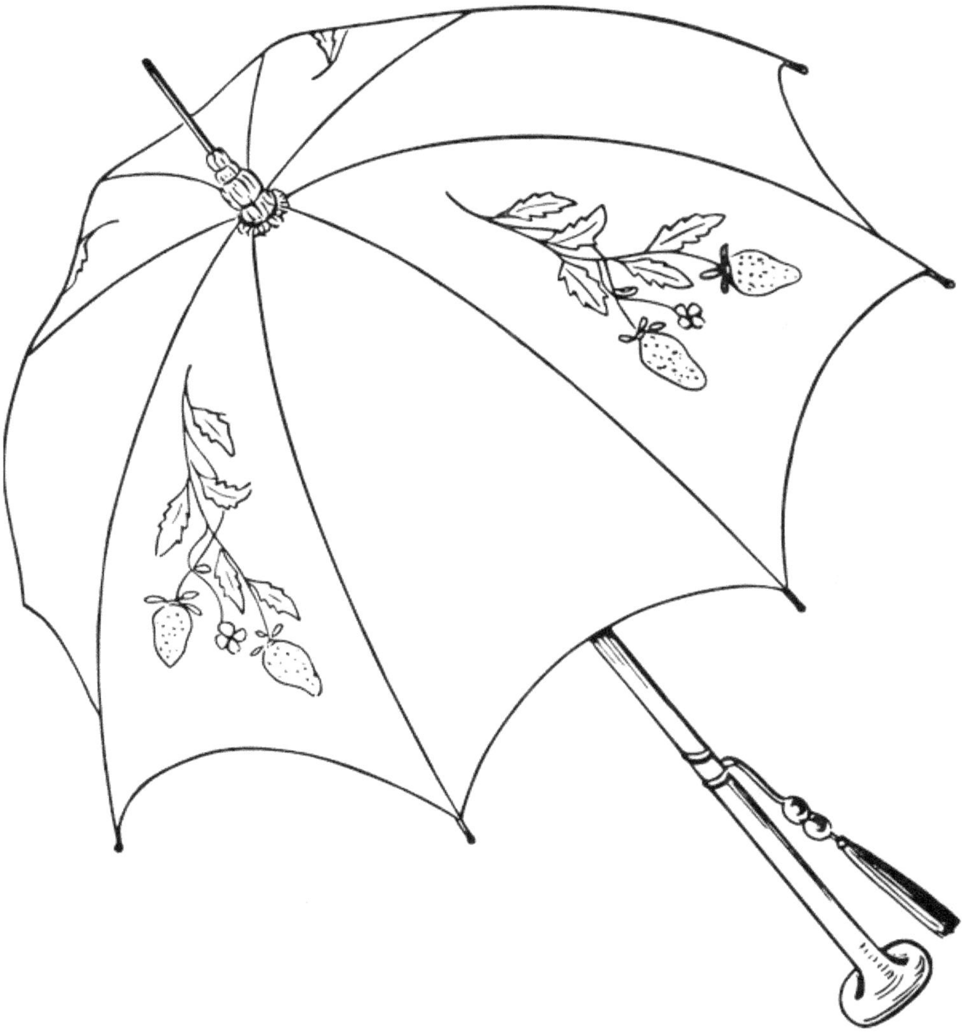

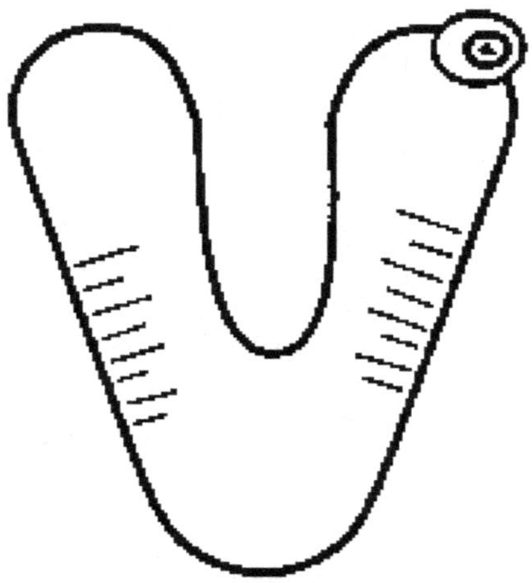

V

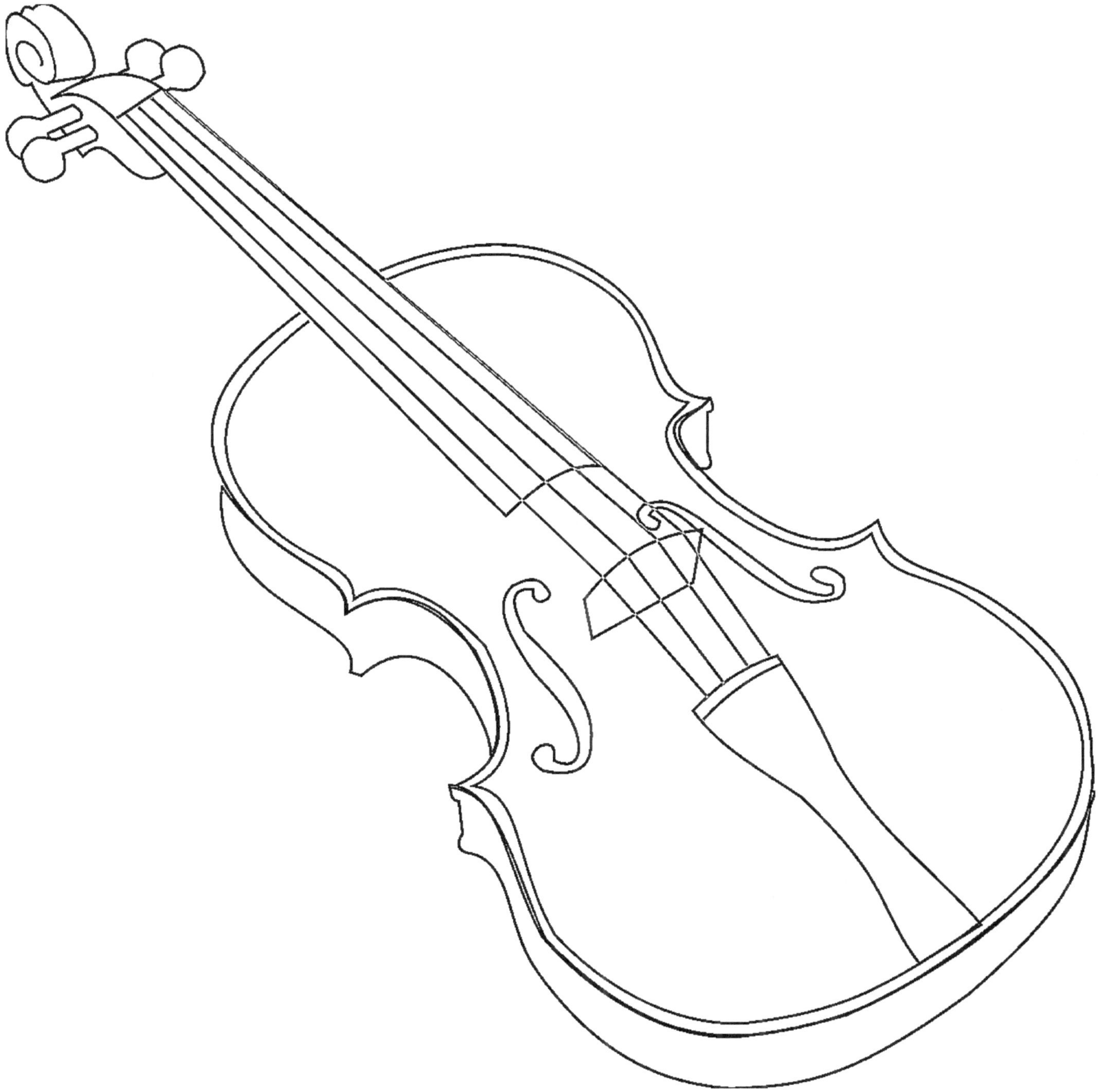

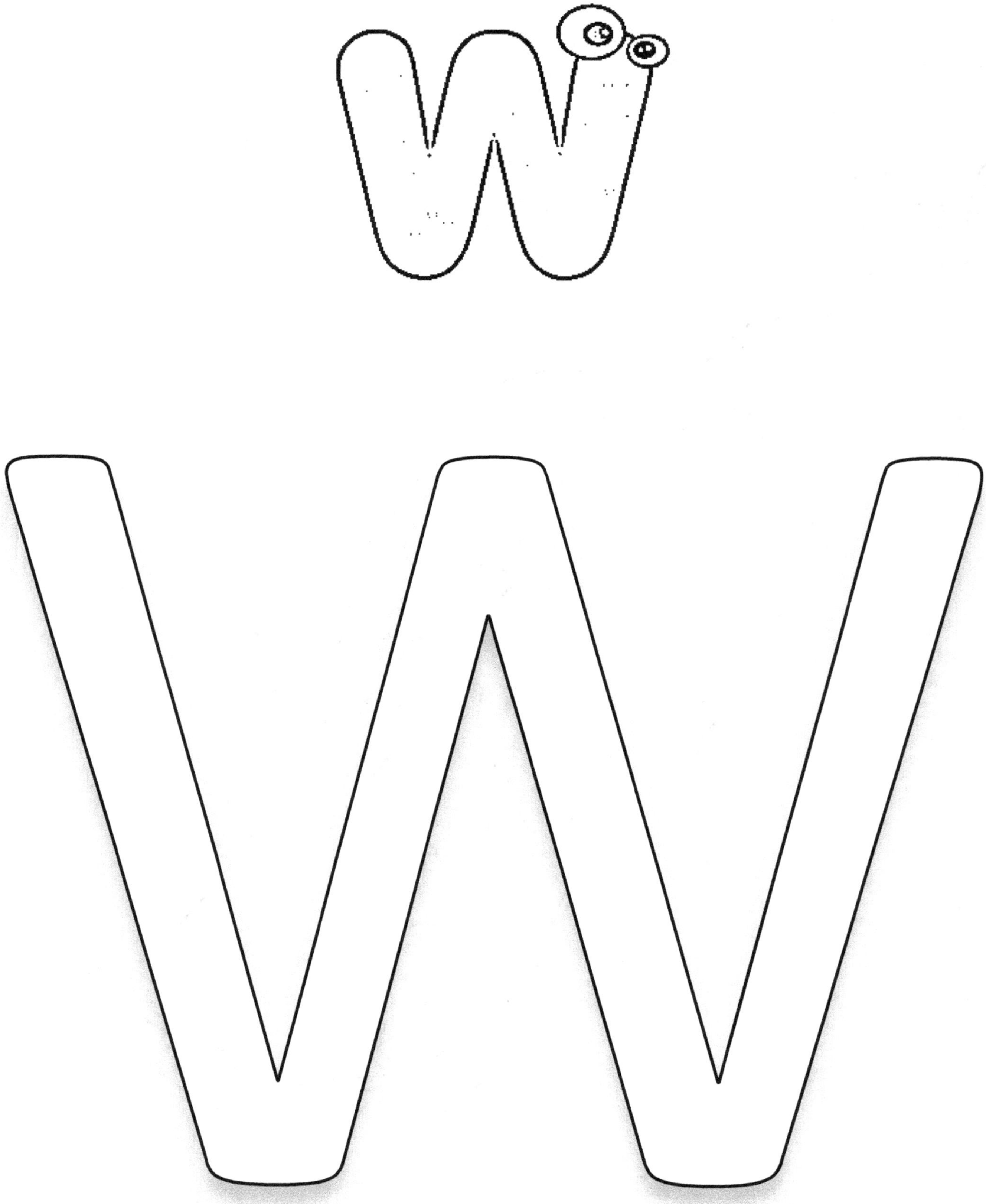
w
W

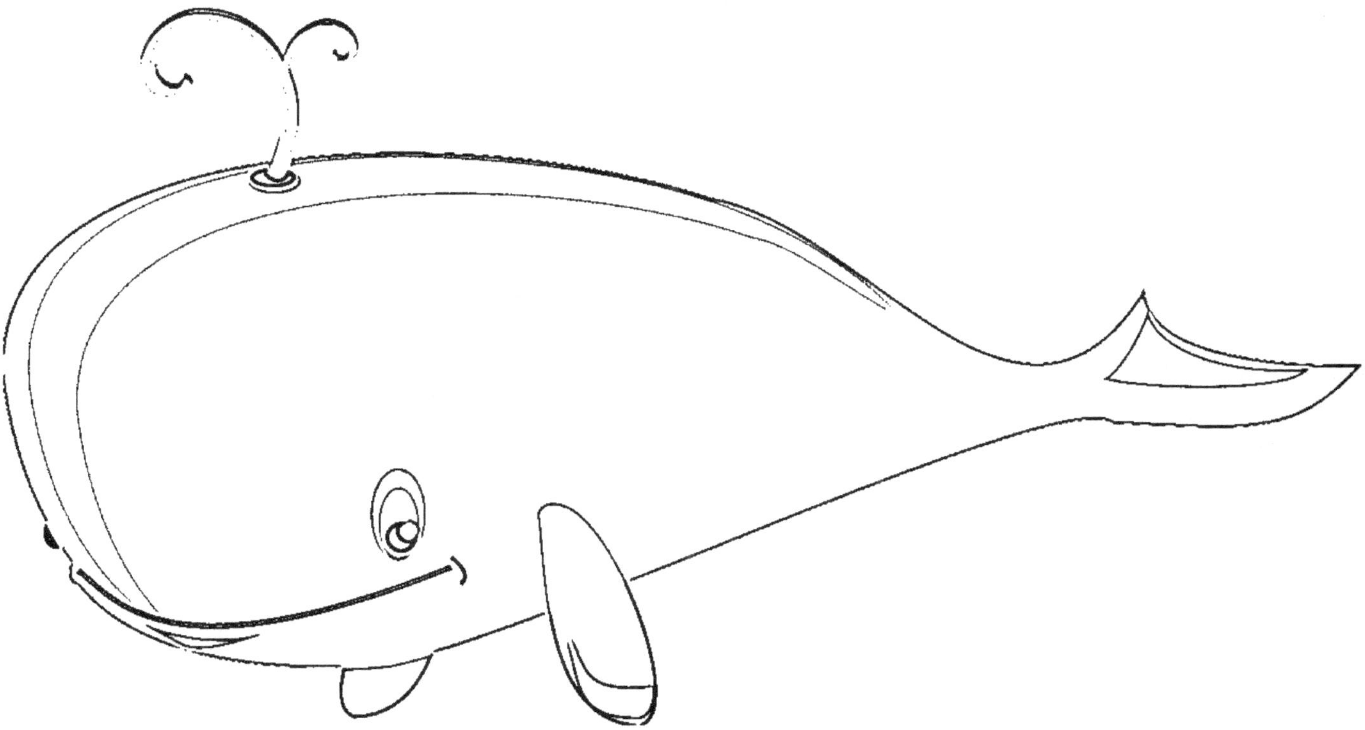

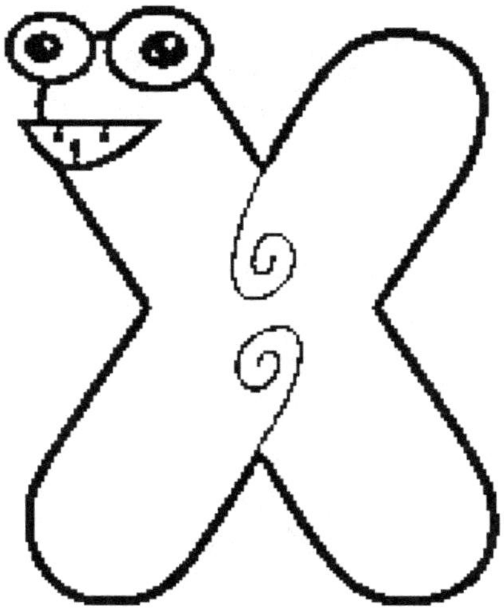

X

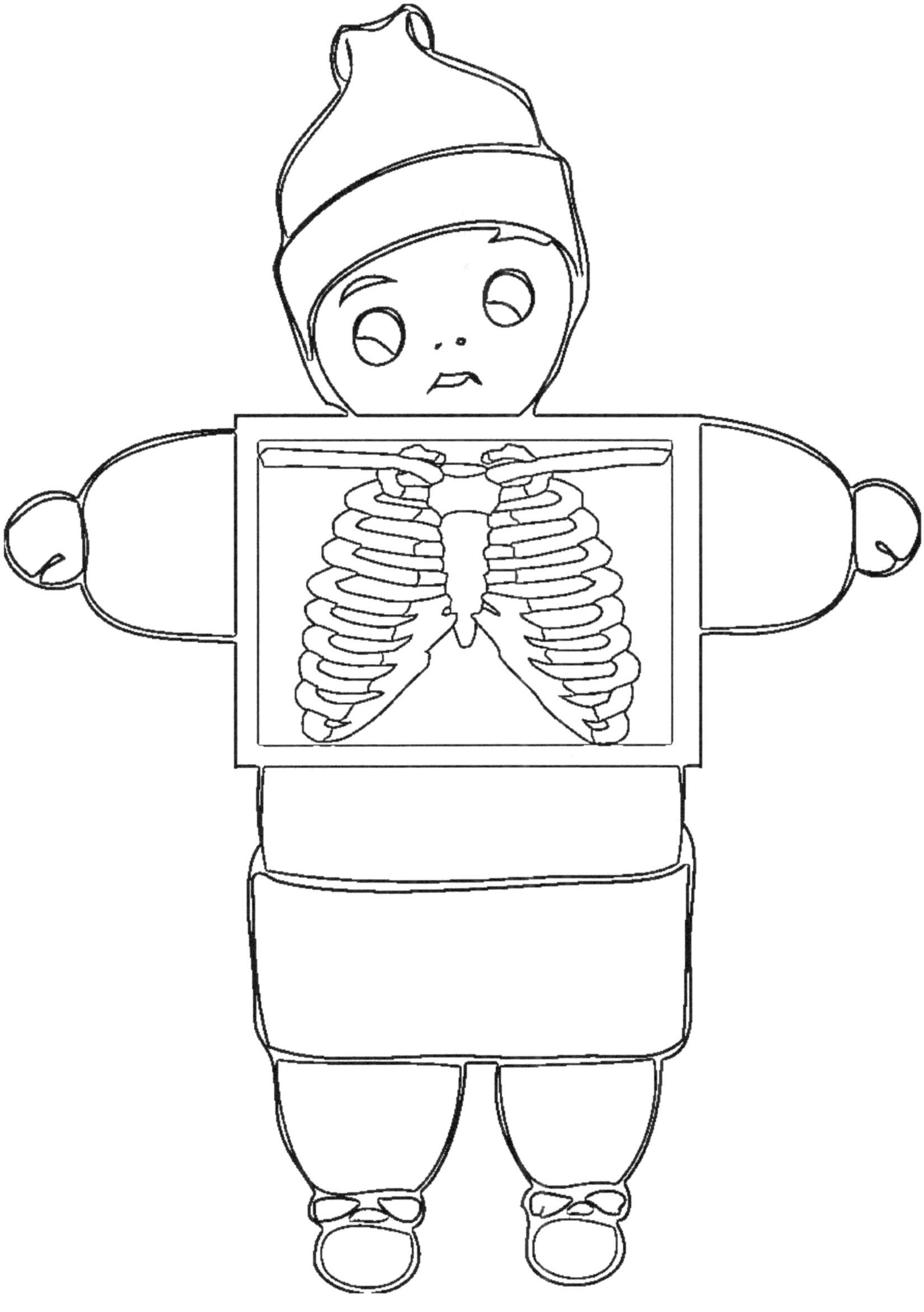

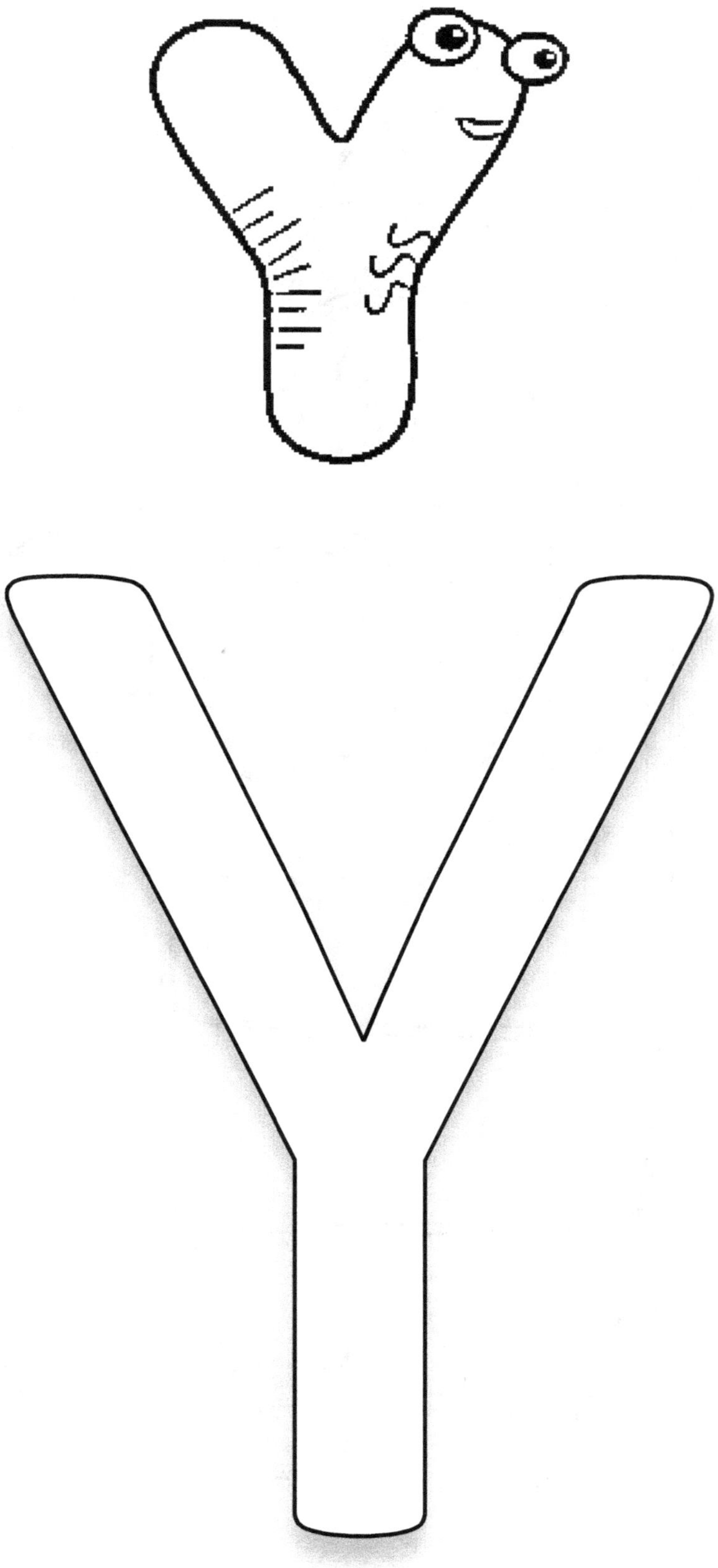
Y

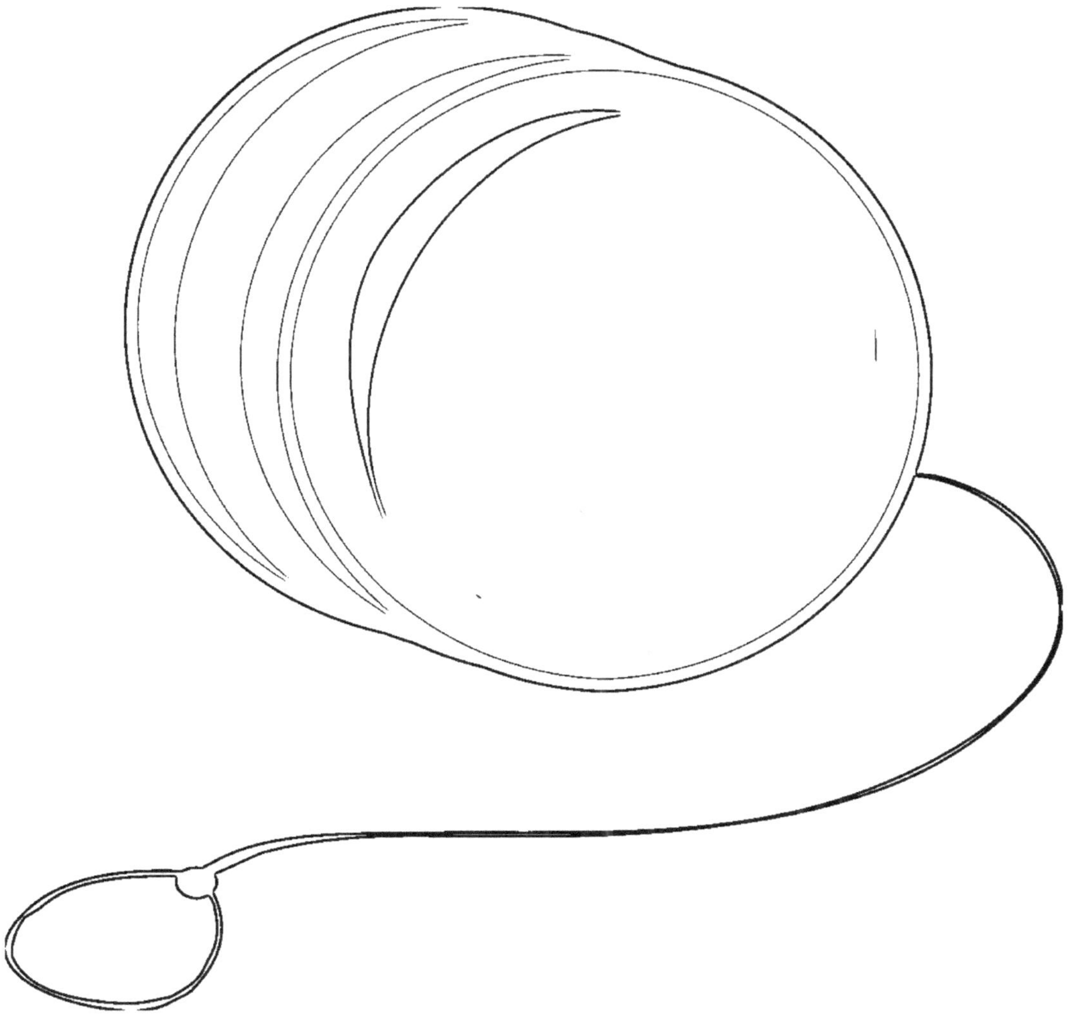

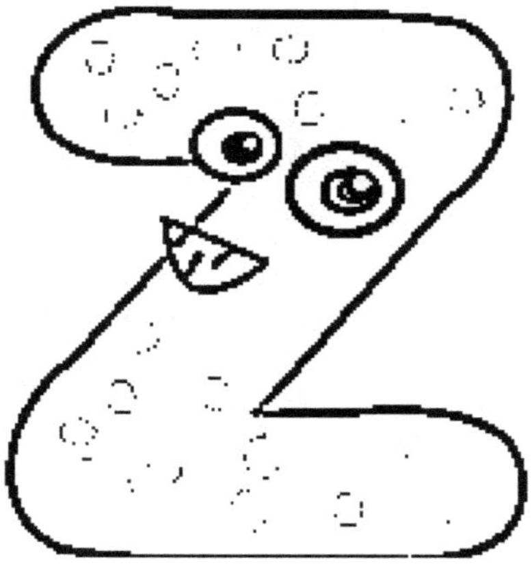

Z

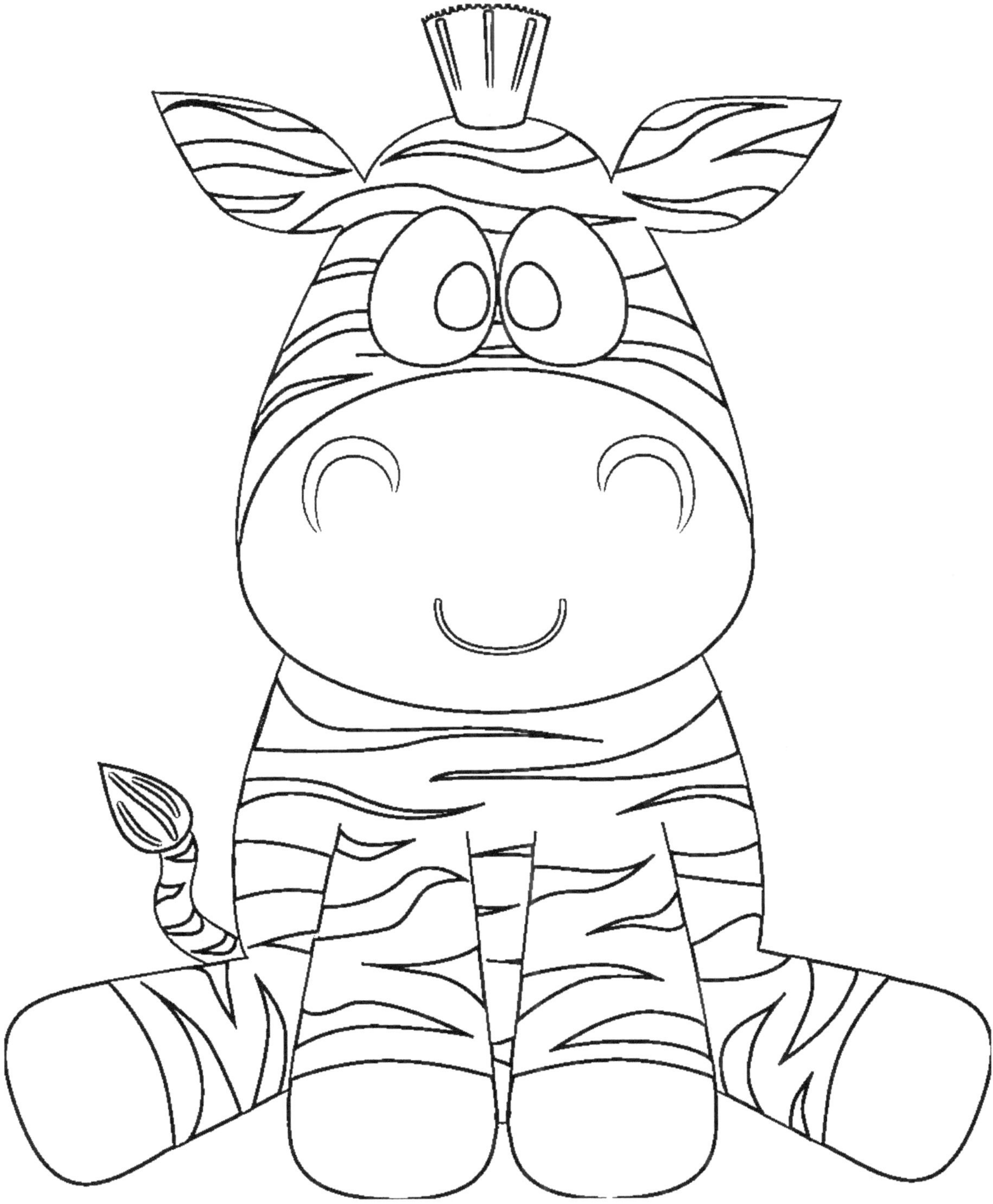

www.ingramcontent.com/pod-product-compliance
Lightning Source LLC
Chambersburg PA
CBHW080908220526
45466CB00011BA/3509
9798586440785